구성주의적 유아과학교육

구성주의적 유아과학교육

김 신 곤

서현사

머리말

오늘날 눈부신 과학기술의 진보는 하루가 멀다 하고 새로운 발명품을 만들어 내고, 이전 것 보다 진보된 문명의 도구들을 쏟아 내고 있다. 이러한 스마트한 이기들이 있어 우리의 삶은 점점 편리해지고 일 처리의 속도 또한 점점 빨라지고 있다. 또한 우리의 하루 일과가 컴퓨터를 켜는 것으로 시작해서 컴퓨터를 끄는 것으로 마감하는 시대가 되어 이러한 기계나 도구들을 외면하고 살아간다는 것을 상상하기가 어렵다.

현대를 살아가는 우리들에게 이 사회가 요구하는 과학적 지식뿐 아니라 일상생활에서 접하게 되는 과학적 문제를 해결할 수 있는 능력과, 수많은 선택의 순간에 합리적이고 올바른 판단을 할 수 있는 의사결정 능력의 신장은 매우 중요한 과업이 되었다. 이러한 '과학적 소양'은 단편적인 지식의 소유로 얻어지는 것이 아니기 때문에 유아기 때부터 일상 생활을 통해 자연스럽게 과학적 탐구 경험을 할 수 있는 기회를 마련해 주어야 한다.

몇 년 전, 유아들을 대상으로 과학실험 수업을 했을 때 겪었던 감동은 지금도 잊지 못한다. 부력을 주제로 한 짧은 수업에서 칼라믹스를 밥 공기 모양으로 만들어 물 위에 살짝 띄웠고 그것이 물에 뜨자, 그 순간에 그것을 지켜보던 대여섯 명의 유아들이 하나같이 와- 하고 탄성을 질렀다. 어쩌면 당연하다고 생각할지도 모르는 이 현상을 보고 그저 고개를 끄덕이거나 눈만 껌벅일 줄 알았던 나의 예상은 빗나갔고 그날 그 수업에 참여했던 아이들은 나에게 유아 과학교육에 대한 생각을 바로 잡을 수 있게 해 주었다. 이처럼 유아들이 선천적으로 지니고 있는 세상에 대한 호기심과 자연 현상에 대한 탐구정신은 오히려 성인들의 그것보다 훨씬 더 강력하고 강렬하다고 할 수 있다.

유아들은 자연현상과의 개인적인 상호작용 그리고 성인 또는 동료들과의 사회적 상호작용을 통하여 그들 자신의 지식을 구성해 나간다. 그 결과로 유아들은 과학을 학교에서 정식으로 배우기 이전에 물리세계가 어떻게 움직이는가에 대한 나름대로의 지식을 지니게 된다. 이러한 과정에서 때로는 합리적인 과학개념과는 다른 잘못된 지식을 습득하기도 하고 그릇된 신념을 형성하기도 하는 것이다.

이 책은 이와 같이 유아들이 과학적 지식의 습득 과정에서 나타나는 과학 오개념의 정도를 확인해 보고, 유아들이 가진 과학 오개념을 정개념으로 변화시키기 위해 유아의 탐구정신과 과학적 접근방식을 자극하고 격려하는 방법으로서 구성주의적 접근법을 통한 개념변화의 교수법에 대해 살펴보고자 한다.

이 책은 전체 6개의 장으로 구성하였다. 먼저 1장에서는 유아 과학교육의 기초로서 유아기의 특성과 유아기 과학교육의 중요성에 대해 언급하였다. 2장에서는 유아들이 가지고 있는 과학개념 현상의 습득과정을 살펴보고 주요 과학개념에 대해 유아들이 나타내고 있는 오개념의 현상을 살펴보았다. 3장에서는 유아의 과학 개념변화에 대해 살펴보고, 4장에서는 과학 개념변화에 대한 구성주의적 접근에 대해 살펴보았다. 5장에서는 지금까지 연구된 개념변화 교수모형에 대해 분석하였으며, 마지막 6장에서는 구성주의적 유아 과학 개념변화 교수모형을 개발하여 소개하였다.

조금은 조급한 마음으로 책을 구성하다 보니 부분적으로 비약된 것이 있고, 만족스럽지 못한 자료들에 의해 많은 부분에서 부족함이 드러난다. 미비한 부분에 대해서는 빠른 시일 내에 보다 알차고 충실한 책으로 거듭날 수 있도록 보완하고 채워 나갈 것을 약속드린다.

이 부족한 자료가 책으로 빛을 보게 된 것은, 오랜 지기이자 오늘에까지 말없이 옆에서 지켜 봐 주신 서현사의 조재성 사장님의 배려가 아니었으면 불가능했을 것이다. 어려운 출판 환경 속에서도 선뜻 이 책의 출판을 허락해 주신 데 대해 깊은 감사의 마음을 전한다.

2013년 9월

저자 씀

차 례

머리말 / 5

제1장 유아과학교육의 기초 / 11

1. 유아기의 특성과 과학교육 / 13
2. 유아과학교육의 중요성 및 방향 / 14

제2장 유아의 과학개념 / 19

1. 유아의 과학개념 획득 / 20
2. 유아의 과학 오개념 형성 / 22
   1) 과학 오개념의 의미 / 22
   2) 과학 오개념의 형성 원인 / 23
3. 유아의 과학개념 습득현황 / 28
   1) 인체탐구 영역에 대한 유아 과학개념 습득현황 / 30
   2) 자연현상 탐구영역에 대한 유아 과학개념 습득현황 / 33
   3) 물체 및 물질영역에 대한 유아 과학개념 습득현황 / 35

제3장 유아의 과학 개념변화 / 39

1. 유아 과학수업의 실제 / 41
   1) 유아 과학수업 장면 / 41

2) 수업내용의 개요 / 48
3) 수업내용의 분석 / 49
2. 과학 개념변화의 교육적 조건 / 50

제4장 과학 개념변화에 대한 구성주의적 접근 / 55

1. 구성주의의 인식론적 관점 / 57
2. 구성주의의 유형 / 62
1) 인지적 구성주의 / 63
2) 사회적 구성주의 / 64
3. 유아과학교육에 대한 구성주의적 접근 / 68

제5장 유아 과학 개념변화 교수모형 / 73

1. 유아의 과학개념 형성 과정 / 75
2. 과학 오개념 교정의 필요성 / 79
3. 과학 개념변화 교수의 모형 / 81
1) 개념변화 교수법의 특징 / 81
2) 개념변화 교수모형의 개관 / 82

제6장 구성주의적 유아 과학 개념변화 교수모형의 개발 / 99

1. 모형개발을 위한 기본 관점 / 100
2. 유아의 과학 개념변화를 위한 구성주의적 접근 / 103
   1) 개념변화에 대한 인지적 구성주의의 관점 / 103
   2) 개념변화에 대한 사회적 구성주의의 관점 / 104
3. 구성주의적 개념변화 모형 개발 / 105
   1) 단계 1: 유아의 오개념 확인 / 107
   2) 단계 2: 과학개념 및 인지갈등 유발 장면 제시 / 108
   3) 단계 3: 유아의 인지적 갈등 / 111
   4) 단계 4: 교사/또래에 의한 비계설정 / 112
   5) 단계 5: 인지구조의 재구조화 및 내면화 / 114
   6) 단계 6: 개념변화의 확인 및 평가 / 116

〈부록〉 구성주의적 접근에 의한 수업지도안 예시 / 119

참고문헌 / 122

찾아보기 / 132

제1장
유아과학교육의 기초

21세기 첨단사회는 과학과 기술이 급속히 발전하여 과학이 인간 생활의 일부가 되었으며, 과학에 대한 이해와 활용 능력인 과학적 소양(scientific literacy) 여부에 따라 인간의 삶의 질이 결정된다(김희정 외, 2011). 이러한 이유로 인해 학문적 영역에서는 물론이고 일상생활에서도 과학적 지식의 중요성이 강조되고 있으며, 따라서 어린 시기부터 과학적 경험을 충분히 할 수 있는 교육적 요구가 증가되고 있다.

또한 현대 기술사회가 요구하는 과학적 지식뿐 아니라 일상생활과 관련된 과학적 문제해결력과 의사결정 능력을 키우기 위해서 유아기부터 과학적 탐구 경험을 갖는 것은 매우 중요하며(황의명 · 조형숙, 2006), 과학적 소양을 갖춘 인간을 교육하기 위하여 일상적 생활 경험 속의 과학적 경험을 체계화하여 학습자 스스로 능동적으로 교육의 과정에 참여하여 탐구하는 즐거움을 발견할 수 있는 과학교육의 기회를 마련할 필요가 있다.

한편, 과학(science)이라는 단어는 라틴어의 'scientia'에서 그 어원을 찾을 수 있다. scientia는 지식(knowledge)'과 '알기를 원하다(scire)' 라는 의미를 내포하고 있다(Harlan 외, 2004; 문연심 외, 2011에서 재인용). 과학이란 단어의 사전적 의미는 '보편적인 진리나 법칙의 발견을 목적으로 한 체계적인 지식'이며, 세상에 대해 아는 것과또 그것을 알아가는 과정을 의미한다. 또한 Spodeck(1991)은 과학을 물리적 세계에 대한 지식의 체계라고 보고, 과학교육은 "유용한 과학적 사실을 모아서 지식을 일반화하고 입증하는 방법"이라고 하였다.

과학교육은 지식을 수동적으로 학습자에게 전달하고 암기시키는 것보다는 학습자 스스로가 적극적이고 능동적인 활동을 통해 그 지식에 접근하고 발견하도록 할 때 교육적 효과가 크다(김정주 · 김영실, 2004).

1. 유아기의 특성과 과학교육

유아는 선천적으로 지적 호기심과 사물에 대한 흥미를 가지고 태어난다. 주변에서 눈에 띄고 손에 잡히는 다양한 사물과 현상에 대해 유아는 끊임없이 분출하는 호기심과 의문을 가지고 있으며, 이를 해결하기 위해서 적극적이고 능동적으로 행동하는 과학적 자아를 가지고 있다. 이러한 유아의 호기심은 주변세계의 의문점에 대해 끊임없이 탐구하고 발견해 가는 과정에서 바로 과학 활동을 하게 되는 과학자적 성향을 나타내도록 한다.

유아기 과학교육의 전반적인 원리와 그 방향이 실제적인 유아과학교육에서 제대로 적용되기 위해서는 교육의 대상이 되는 유아들의 특성을 파악할 필요가 있다. 과학교육과 관련하여 유아들이 나타내는 특성을 정리해 보면 다음과 같다(장혜순 외, 2005).

첫째, 유아들은 풍부한 호기심을 가지고 있다. 유아들은 탐색하고, 발견하고, 배우고, 새로운 것을 창안하려고 애를 쓴다. 유아 자신의 몸은 물론이고 주변에서 보고 느낄 수 있는 모든 것에 호기심을 갖는다.

둘째, 유아들은 서로 다른 흥미를 가지고 있다. 유아들은 사물을 탐색할 때 각자 나름대로의 방식대로 한다. 대체로 유아들의 처음 반응은 만져보고, 냄새를 맡아보고, 교사에게 질문을 하거나 반응을 숨기기도 한다.

셋째, 유아들은 학습자들이다. 각각의 유아들에게 개인적인 학습의 경험을 주는 한 가지 방식은 유아 자신이 선호하고 기초가 되는 관심의 초점에 가정을 두고 시작하는 것이다. 유아들은 자기 자신과 관련을 지으면서 현상들을 경험한다.

넷째, 유아들은 행하면서 배운다. 개인적인 학습을 고무시키려면 유아의 흥미에 기초하여 직접적이고 능동적이고 즉각적으로 각각의 유아를 학습하게 하는 것이다. 유아들은 실제로 행할 때 가장 잘 학습한다. 실제로 사물들을 만지면서 배우는 것이 중요하다.

다섯째, 유아들은 민감하고 감각적이다. 유아들은 모든 감각기관을 통하여 경험한다. 즉 시각, 청각, 촉각, 미각, 후각뿐 아니라 신체 내의 운동감각까지도 경험을 하기 위해 활용한다. 유아들은 감각기관을 통하여 세상을 발견하기 때문에 감각기관의 훈련은 과학에 있어서 중요하다.

이러한 유아들의 특성에 비추어 볼 때, 유아를 위한 과학교육은 과학적 지식의 전달보다 과학적인 사고 과정에 중점을 두어야 한다. 과학적인 사고는 주변 세계에 대한 호기심과 의문에서 출발하여 주변세계를 관찰하고, 탐색하고, 실험하며, 상호 작용하는 과정을 거쳐 발달한다. 그러므로 유아를 위한 과학교육은 스스로 호기심을 갖고 발견하도록 하며, 직접 탐구하고 실험하는 과정을 중심으로 이루어져야 한다.

2. 유아과학교육의 중요성 및 방향

유아기의 과학교육은 유아로 하여금 과학에 대한 흥미와 탐구하는 태도를 가지고 감각을 통하여 스스로 탐색함으로써 자기 자신과 다른 사람 그리고 주변세계의 여러 가지 현상과 사물을 알고 이해하도록 하는 과정이다. 이러한 유아의 자각과 이해는 자신들의 방식으로 또 자신들의 시간에 능동적인 학습자가 됨으로써 얻어지는 것이다. 따라서 과학학습은 이미 형성된 과학적 정보를 습득하거나 과학적 사고의 결과를 암기하는 것이 아니라 문제를 제기하고 그 문제를 해결해 나가는 과정에 의미가 있는 것이며(DeVries, Zan, Hildebrandt, Edmiaston, & Sales, 2002), 그 과정에서 요소와 요소 간의 관계를 규명하고 결합하는 논리적 사고에 의해 새로운 현상과 원리를 발견해 나가는 것이어야 한다.

또한 과학적 탐구 능력은 과학을 학습하는데 필요한 사고 기능으로 유아들에게 구체적인 경험을 통해 새로운 정보를 획득하도록 하며, 이러한 탐구 능력들은 학습뿐 아니라 생활 전반의 사고 기술을 제공하므로 유아가 일상

생활에 대처하는데 필수적이라 할 수 있다(Martin, 1997; 김희정, 2011 재인용).

미래사회에 잘 적응할 수 있는 과학적 소양을 갖춘 자율적이고 창의적인 인재를 양성하고 배출하는 것을 유아과학교육의 목적이라고 할 때, 유아기의 과학교육은 매우 중요하다고 할 수 있다. 이러한 유아기 과학교육의 목적에 비추어 유아과학교육의 중요성을 정리해 보면 다음과 같다(황의명 · 조형숙, 2006).

첫째, 유아들은 본성적으로 과학적 자아를 갖고 있으며, 적절한 과학적 경험을 통해서 이를 유지하고 증진하기 위해서 과학교육이 필요하다.

둘째, 과학 기술 중심의 사회가 요구하는 일반인의 과학적 문제 해결력과 의사 결정 능력을 키워 주기 위해서 유아기의 과학적 경험이 중요하다. 왜냐하면, 과학적 탐구를 통해 유아가 주변에 대해 민감해지고 생활 가운데 중요한 문제 해결과 의사 결정을 효과적으로 할 수 있도록 도와줄 수 있기 때문이다.

셋째, 과학에 대한 태도는 다른 학과목에 대한 태도에 비해 상당히 이른 시기에 형성되므로 보다 긍정적인 태도를 길러 주기 위해서 유아기 과학교육이 중요하다.

넷째, 과학 학습의 과정은 유아들이 주변세계를 이해하는 방식을 진전시켜 가도록 돕는다. 따라서 유아들은 자신의 경험을 연관 짓고 정보를 얻으며, 얻어진 정보를 조직하고 자신의 아이디어를 검증하는 방법을 과학교육을 통해 배울 수 있다.

다섯째, 유아에게 과학교육을 하지 않더라도 아이들은 아주 어릴 때부터 주변세계에 대한 아이디어를 얻어 간다. 만약 이러한 아이디어가 인과적인 관찰이나 조사해 본 적이 없는 현상이거나 사람들이 흔히 말하는 바를 그대로 받아들인 것이라면 비과학적이거나 잘못된 개념이 된다. 이러한 비과학적이고 잘못된 개념은 아이들 주변에 널려져 있다. 따라서 어린 시기부터 과학 교육이 중요한 이유는 새로운 아이디어를 받아들이는 태도가 고정되기 전에 다양한 탐구의 과정을 경험함으로써 증거에 반하거나, 과학적 개념에 위배되는 아이디어를 쉽게 받아들이려 하지 않는 과학적 태도를 형성할 수 있기 때문이다.

이와 같은 유아과학교육의 중요성에 비추어 볼 때, 바람직한 유아과학교육의 방향은 유아에게 과학적 개념을 주입하는 것이 아니라 유아 스스로 과학적 탐구를 지속하도록 이끌어 주는 것이다. 또한 유아가 이미 주변 세계에 대한 경험을 통해 비과학적인 지식을 습득하고 있다면, 과학교육을 통해서 유아의 과학적 사고를 변화시킬 필요가 있다. 지각적, 현상적 수준의 이해력을 가지고 있는 유아에게 추상적인 개념을 설명해 준다고 해서 지식이 구성되는 것은 아니다.

이와는 달리 구체물을 가지고 놀이 활동을 많이 한다고 해서 과학적 사고가 일어나는 것도 아니다. 즉, 물놀이를 하고 그림자밟기 놀이를 많이 한다고 해서 물질과 자연현상에 대한 탐구능력과 지식이 구성되는 것이 아니다(조부경 외, 2007). 자신의 인지수준과 적절한 차이가 있는 자극을 통해 갈등을 느끼고 그 갈등을 해결하고자 하는 일련의 과정을 통해서만이 진정한 의미의 과학적 사고의 변화가 이루어지는 것이다. 따라서 유아가 생활 속에서 스스로 습득하는 과학적 경험과 함께 체계적인 과학교육을 통해서 유아에게 과학에 쉽게 접근할 수 있는 기회를 제공하는 것이 필요하다.

이러한 점에서 유아과학교육은 유아의 과학적 특성과 유아에 대한 과학교육의 중요성에 비추어 주변 사물과 현상에 대해 호기심과 흥미를 갖고 생활 속에서 유아 자신이 부딪치는 과학적 문제를 인식하고 해결하려는 능동적 태도와 능력을 갖춘 과학적 교양인으로서의 토대를 마련하는데 그 목적을 두어야 할 것이다.

이에 따라 인지발달이 빠르고 과학적 태도가 형성되는 시기의 유아들에게 과학교육은 기본적인 호기심을 충족시켜 주고, 탐색의 과정을 통해 의문점을 해결하도록 이끌어주는 독특하고 가치있는 경험을 제공해 줄 수 있어 그 의의가 매우 크다고 볼 수 있다(박혜원, 2008). 따라서 유아가 가진 과학적 성향과 유아과학교육의 의의로 볼 때, 유아에 대해 이루어지는 과학교육은 유아로 하여금 과학에 대한 홍미와 탐구하는 태도를 가지고 감각을 통하여 스스로 탐색함으로써 자기 자신과 다른 사람 그리고 주변세계의 여러 가지 현상과 사물을 알고 이해하도록 하는 과정이 되어야 한다. 또한 유아과학교육은 이미 형성된 과학적 정보를 습득하거나 과학적 사고의 결과를 암기하는 것이 아니라 문제를 제기하고 그 문제를 해결해 나가는 과정에서 그 의미를 찾을 수 있게 된다(DeVries, Zan, Hildebrandt, Edmiaston, and Sales, 2002).

또한 유아가 능동적으로 자신이 알고 있는 개념, 주제, 기술 등을 적용해 보고 강화할 수 있는 참여 기회를 제공해 줌으로써 과학적 개념과 지식의 발달과 과학하는 태도가 발달될 수 있다(신은수 외, 1999). 이러한 점에서 유아를 대상으로 하는 과학교육은 교육현장에서 기술공학과 교육방법을 접목시키고, 정보의 적극적인 활용을 통해 교수-학습계획을 개선시키며, 이러한 개선된 교수-학습계획을 통한 유아과학교육이 이루어지도록 진행되어야 한다.

제2장

유아의 과학개념

1. 유아의 과학개념 획득

최근의 유아과학교육의 목표는 일상생활 속에서 과학을 활용할 수 있는 능력을 가진 시민을 육성하는데 있으며(신인숙 · 노현희, 2005), 유아가 주변의 사물과 현상에 대해 호기심과 흥미를 갖고 생활 속에서 유아 자신이 부딪치는 과학적 문제를 인식하고 해결하려는 태도와 능력을 갖춘 과학적 교양인으로서의 기초를 다지는(황의명 · 조형숙, 2001) 방향으로 나아가고 있는 바, 교육에서는 이러한 발전이 일어날 수 있도록 먼저 유아가 습득하고 있는 과학개념을 알아보고 그것에 근거해서 유아과학교육을 실천하는 것이 논리적으로 실제적으로 합당하다고 하겠다.

특히 과학의 기초 개념은 어려서부터 발달되며 유아기 동안의 경험이 이후의 지적 성장을 위한 근원이 되기 때문에(Piaget, 1930) 과학적 현상에 대한 유아의 과학개념을 알아보는 것은 교육 실제에 있어서 중요한 출발점이 되며, 이를 과학적 개념과 조화를 이룰 수 있도록 도와주는 것이 중요한 교육적 과제가 될 수 있다.

유아는 선천적으로 지적 호기심과 사물에 대한 흥미를 가지고 태어난다. 이러한 호기심으로 주변세계에 대한 의문점은 끊임없이 탐구하고 발견해 가는 과정 속에서 바로 과학 활동이 이루어진다(곽향림, 2002). 이와 같이 유아들은 일상생활의 경험과 주변 환경과 능동적이고 지속적인 상호작용을 통하여 사물에 대한 나름대로의 과학적 개념과 초보적인 지식을 축적하게 된다. 일상생활 경험은 과학기술과 과정을 쉽게 적용할 수 있는 소재이어서 유아에게 적절한 과학 활동이 될 수 있다(김지영, 2005).

또한 유아들은 가르쳐 주지 않아도 주변세계에서 일어나는 사건과 현상을 통하여 자신이 이미 지니고 있는 개념적 틀을 사용하여 지식을 구성하고 있다(곽향림, 2002; 박지연 · 이경호, 2004). 유아들이 호기심과 흥미를 가지고 무언가를 발견하고, 탐구하고, 조사하는 모습은 종종 과학자의 모습에 비유되곤 한다(남기원, 2000).

이처럼 유아들이 주변 세계에 대해 능동적으로 접근하고 주변 환경과 상호작용을 하면서 스스로 지식을 구성하는 존재이기 때문에 각 유아는 특정한 현상에 대해서 서로 다른 과학적 의미를 구성할 수 있다(Chaille & Vritain, 2003; Kamii & DeVries, 1978). 유아들이 형성하는 과학에 대한 개념은 전문가의 입장에서 보면 이러한 개념들이 매우 초보적이고 단편적인 것들로서, 때로는 특정 현상에 대해서 서로 다른 의미를 구성하게 되거나 혹은 개념형성이 잘못되는 경우도 있다.

유아들이 개념을 형성해 가는 과정에서 나타나는 과학개념의 수준을 Torney-Purta(1992)가 제안하는 인지적 연속체 모형을 기초로 하여 다음과 같이 구분할 수 있다.

〈표 2-1〉 유아의 과학적 개념에 대한 수준 분류(Torney-Purta, 1992)

수준	수준별 성격
pre-novices	과학적 개념과 관련된 기본적 개념이나 지식 또는 태도를 거의 보여주지 못하는 유아
novices	기본 개념이나 지식 또는 태도를 약간 보여주지만 각 개념 간의 관계를 유의미하게 연결하지 못하는 유아
post-novices	기본 개념이나 지식 등을 풍부하게 보이며, 객 개념간의 관계를 유의미하게 연결지을 수 있는 유아
pre-experts	기본 개념이나 지식 등이 보다 많고 정확하게 보여주며, 개념 간의 관계를 보다 잘 구별하고 유의미하게 연결 짓는 유아
true-experts	기본 개념에 대해 복잡하고 정확한 인지적, 정의적 스키마를 보유하고 있으며, 개념을 정의하고 해결하는 우수한 전략을 보유한 유아

2. 유아의 과학 오개념 형성

1) 과학 오개념의 의미

유아들이 그들의 경험과 사고를 바탕으로 어떤 물체의 현상이나 사건에 대해 그들 나름대로의 논리에 의해 형성한 아이디어, 즉 선개념을 가지고 교실에 온다는 인식이 최근 급증하고 있다(Hsiao-Ching, 2004; Gyoung, et. al., 2003; DeVries, et. al., 2002; Staver, 1998; Pfundt & Duit, 1988, 곽향림, 2004; 라정숙, 2003).

선개념(preconception)이란 과학교육을 받기 이전에 아동이 일상적인 경험을 기반으로 이미 형성한 개념이라 할 수 있다. 선개념은 과학적 개념과 비과학적 개념을 모두 포함하는데, 유아가 형성한 선개념이 교육기관에서 배우는 과학적 관점과 일치할 때는 그들의 선개념이 이후의 학습에 도움이 될 수도 있다. 그러나 이러한 유아의 개념과 논리가 때로는 과학적 논리에 비추어 볼 때 옳지 않을 때에 있다. 특정 선개념이 과학 이론에서 설명되는 정개념과 다른 경우에 이를 일컬어 오개념(misconceptions)이라 한다(Howe, 1993).

다시 말하면, 과학에 대한 학습자의 선행지식 중 잘못된 과학적 지식을 오개념(misconception)이라고 하며, 이는 아이들 나름대로의 논리적인 그들의 입장을 고려하여 순수 이론(naive theories), 실수적인 아이디어(erroneous idea), 대안개념(alternative conceptions), 직관적 신념(intuitive belief), 자발적 추론(spontaneous reasoning), 선개념(preconception) 등으로 부르고 있다. 그러나 오개념은 과학자들이 가지고 있는 지식과 그 의미와 구조가 다른 선행지식(조희영 · 박승재, 1995)이거나 교과서 또는 과학자들이 공인하는 개념과 다른 개념(권재술, 1999)이다.

이러한 유아의 과학 오개념은 다양한 특징을 가지고 있다. 유아들은 서로 다른 물리 영역의 현상에 따라 독특한 개념을 갖기도 하며, 보편적으로 유사한 개념을 갖기도 한다. 또한 동일한 물리 현상을 서로 다르게 생각하기도 한다. 그러나 유아들이 개념을 형성하는 데에는 공통적인 특징이 있다(장병기, 2000). 유아들이 개념을 형성하는 공통적 특징은 다음과 같이 요약할 수 있다.

- ■ 지각에 의존하여 생각한다.
- ■ 상호작용보다는 물체의 성질들에 초점을 맞춘다.
- ■ 안정된 상태보다는 변화에 초점을 맞춘다.
- ■ 단순히 인과적으로 생각한다.
- ■ 분화되지 않은 개념을 사용한다.
- ■ 상황에 따라 다르게 생각한다.
- ■ 새로운 상황을 이해하기 위한 능동적 인식틀의 역할을 한다.
- ■ 사고방식 내에서 일관성을 갖고 있다.

2) 과학 오개념의 형성 원인

지금까지의 과학 오개념에 대한 연구는 각 과학의 영역별로 상당히 치밀하게 연구결과들을 분류하고 정리한 것들이 국내외에 다수 존재한다(Pfunt & Duit, 1988; Driver et. al., 1994; 권재술 · 김범기, 1993; 물리학습연구실, 2000). 이들 연구에 의하면 학습자가 나타내는 과학 오개념을 과학의 영역별로 개관하면 물리학 분야에서는 힘과 운동, 중력, 에너지, 전기, 파동과 빛, 물질의 구조와 성질에 관한 내용 등으로 나타나며, 화학 분야에서는 물질의 입자적 특성, 열과 온도, 화학 반응물 등에 관한 내용들이다. 생물학 분야에서는 동 · 식물의 분류, 인체의 장기의 순환기능, 식물의 광합성 등이며, 지구과학의 분야에서는 항성의 크기, 지구의 모양, 태양계의 운동, 밤/낮의 순환, 중력 등에 대한 오개념이 주를 이룬다.

유아들이 과학 오개념을 형성하게 되는 것은 유아가 자신의 기존 인지구조에 맞게 새로운 사건이나 사물을 그대로 동화하거나(Piaget, 1980), 아동의 인지발달 수준이 낮거나 또는 인지구조의 미숙함, 잘못된 선경험, 직관에 의한 잘못된 유추 등 다양한 원인을 들 수 있다. 이렇게 형성된 오개념은 학습에 의하여 과학적 개념으로 대치되거나 때로는 쉽게 교정되지 않고 더욱 심화되거나 다른 유형의 오개념을 형성하기도 한다. 일상적 경험, 특히 감각적 경험에서 생겨난 그러한 개념은 대개 설명력이 커서 쉽게 포기되지 않는다(송진웅, 2003). 또한 유아기 때 형성된 과학 오개념은 이후의 초등 및 중등과정의 과학학습에 부정적인 영향을 미치기도 한다.

유아들이 오개념을 형성하게 되는 요인은 다양하지만 이를 크게 유아의 지각 특성과 관련된 요인 및 유아의 논리적 추론 특성과 관련된 내적 요인과, 교사 및 교재와 관련된 외적 요인으로 구분할 수 있다(안수영, 1989; 과학 오개념 편람, 1993; 김진국, 1999). 이에 대해 구체적으로 살펴보면 다음과 같다.

(1) 과학 오개념 형성의 내적 요인

① 감각적 경험에 의한 직관적 사고

감각기관 및 일상생활의 경험의 차에 의하여 유아들은 자기 나름대로의 직관적 기대체계를 형성하게 되는데, 이렇게 감각적 경험에 의하여 형성된 개념들은 개인이 소유하고 있는 독특한 개념체계로 형성되어 개인마다 다르게 나타날 수도 있다(조희형, 1984).

② 언어의 모호성

유아가 일상생활을 통해서 사용해 왔던 단어나 용어가 교육기관에서의 수업 중에 등장했을 때, 그 용어의 의미가 유아가 일상생활에서 사용하는 용어의 의미와 다르다면 유아의 인지구조 속에서는 자신이 흔히 사용하는 용어의 의미로 동화될 가능성이 높다(Gillbert, Osborne, & Fensham, 1982). 특히 이러한 경향은 일상생활에서 친숙하게 사용되는 언어에 대한 과학적인 의미가 특별할 때 자주 나타난다. 이때 형성된 개념은 교사나 교재의 저자가 의도하는 바와는 다른 개념이 되기 쉽다.

③ 관찰 불가능한 것에 대한 존재의 부정

유아는 처해진 상황 내에서 관찰에 의해 지각되는 것에 대해서만 우선적으로 우월하게 사고하려는 경향이 있다. 즉 문제 상황에 대해서는 관찰 가능한 특징만을 받아들여 생각하므로 쉽게 감지되지 않는 현상을 다루는 학습 내용에 대해서는 어려움을 느끼게 된다(Gilbert, Osborne & Fensham, 1982).

④ 논리적 조작 능력의 미숙

Piaget의 발달단계 이론에 따르면 효과적 학습을 위해서는 유아들에게 학습에 필요한 일정한 인지 수준을 요구한다. 이때 학습 내용에 대해서 유아의 인지 조작 능력이 이에 미치지 못할 때 오인이 나타날 수 있다(조희형, 1984).

⑤ 제한된 주의 집중

유아들은 물리 현상에 대하여 전체적인 상호작용을 고려하지 못하고 좁은 범위 내에서만 주의를 집중하여 현상에 대한 제한된 범위 내에서만 경험이 일어난다. 이에 따라 제한된 범위에서의 경험을 나름대로 전체로 일반화시켜 이해함으로써 오개념을 형성하게 된다(Gilbert, Osborne & Fensham, 1982).

⑥ 변화하는 상태에 주의집중

유아들은 평형 상태에서 일어나는 상호작용은 깨닫지 못하고 변화하는 상태에만 관심을 집중하는 경향이 있다(Driver, Guesene & Tiberghien, 1985).

⑦ 시간에 따른 순차적 인과관계

유아들은 현상을 설명할 때 시간에 따른 순차적 인과 관계를 따라 설명

한다. 즉 사건의 동시성을 깨닫지 못하고 순차적으로 생각하여 시간의 방향성을 고집한다. 그러므로 가역적인 현상에 대해서는 어려움을 느끼게 된다(Driver, Guesene & Tiberghien, 1985).

⑧ 물체에 물리적인 양을 부과

유아들은 물체에 실제 자연세계에서 보장할 수 없는 물리량을 부과한다(Gilbert, Osborne & Fensham, 1982).

⑨ 근접성의 원리(Contiguity Principle)

근접성의 원리에 따르면 유아들의 의식 속에서 관념(Idea) 들의 통합은 시간적으로 또는 공간적으로 근접하게 연관되어 있는 관념들 사이에 쉽게 일어난다. 즉, 사건들이 시간 또는 공간적으로 근접하여(시간적으로는 동시적이거나 즉시 계속된) 발생했을 때 이와 일치하는 관념들 사이에 연합이 형성된다. 이와 같은 사고의 경향성은 유아들이 오개념을 소지하게 되는 요인이 된다(안수영, 1989).

(2) 과학 오개념 형성의 외적 요인

① 교재에 의한 오인

유아가 접하게 되는 과학 교재에 사용되는 용어는 문장이 문법적인 의미(자연 언어)에만 관심을 가지고 표현함으로써 오개념이 형성될 수 있다(Kenealy, 1987). 또한 새롭고 어려운 개념을 소개하고, 동시에 유아들에게 새로운 복잡한 용어들을 배우도록 한다. 이것은 유아들이 학습환경에 들어오기 전에 그와 관련하여 어느 정도의 사전지식을 보유하고 있는가를 완전히 무시하는 것이 된다(권성기 · 임청환 역,2000).

② 교사에 의한 요인

유아의 내적 요인 못지않게 오개념 형성에 중요한 역할을 하는 것이 교사이다. 교사는 형식적 지식의 전달자이므로 교사변인은 무엇보다도 그 영향이 크다고 하겠다(김진국, 1999). 교사가 유아로 하여금 과학 오개념을 형성하도록 하는 것으로는 교사의 지식부족으로 인한 잘못된 개념 설명, 수업내용의 제한적 재조직, 언어를 통한 의미전달의 한계, 그리고 유아의 준비도를 확인하지 못한 상태에서의 수업 등을 들 수 있다.

물론 유아들이 지니고 있는 이러한 선개념은 의미있는 경험이 부가되면서 확장 · 수정될 뿐 아니라, 이후의 어느 시점에 가서는 과학적인 정개념으로 변화되기도 한다(유경숙, 2005; 곽향림, 2004). 그러나 대체로 일상적인 경험을 통해 유아가 스스로 획득한 선개념은 유아 자신의 개별적인 경험과 논리 속에서 그대로 머무르려는 경향이 있으며, 특히 그것이 과학적 개념이 아니라 오개념으로 생성 · 강화된다면 개인 특유의 개념 체계로 발전되어 매우 견고하게 자리 잡아 이후의 학습에 부정적인 영향을 미칠 수 있다(권성기 · 임청환 역, 2000; 김범기 · 권재술, 1995). 다시 말하면 이러한 현상은 유아가 습득하고 있는 과학적 선개념이 이후에 새로운 개념을 구성하는데 오히려 장애가 될 수도 있다는 것이다. 즉 과학교육을 통해 그들의 잘못된 개념을 과학적 관점으로 변화시키고자 하여도 대부분의 아동들이 그들의 개념을 변화시키기 힘들어 한다는 것이다.

따라서 교수 방법적인 면에서 학습자의 잘못된 개념을 논리적인 관점, 즉 과학적 관점으로 바꾸어 재구성하도록 하는 개념변화에 대한 관심이 유아과학교육에서 중요한 이슈가 되고 있다. 최근 유아가 지니고 있는 오개념의 파악으로부터 시작된 오개념에 관한 연구는 오개념의 특성 이해, 개념형성 과정과 변화과정의 이해, 이를 해소할 수 있는 수업모형의 개발 등으로 폭과 깊이를 더해가고 있다(권재술 · 김범기, 1993).

3. 유아의 과학개념 습득현황

이 절에서는 유아들이 과학 현상에 대해 어느 정도 정개념을 가지고 있으며, 어떠한 오개념을 가지고 있는지 실제 유아의 과학개념에 대한 조사 연구(김신곤, 2007)를 통해 알아 보고자 한다.

연구에서 유아의 과학개념 습득 현황을 조사하기 위한 검사지를 작성하기 위해 제6차 유치원 교육과정의 탐구생활 영역 중 과학적 탐구에 해당하는 5개 영역, 즉 우리 몸, 생물, 자연현상, 물체와 물질 그리고 도구와 기계 부분을 '인체 탐구영역', '자연현상 탐구영역' 그리고 '물체 및 물질영역'의 세 부분으로 구분하였다. 유아의 과학적 개념 분석을 위한 검사내용을 구성하기 위해 관련 선행 연구물과 관련 도서 그리고 유치원 교육과정 등의 검토를 통해 각 영역별로 수집한 과학현상들 중 유아들에게 친숙하면서도 잘못된 개념 형성 비율이 높을 것으로 판단되는 문항들을 각 영역별 6문항씩 전체 18문항을 선정하여 구성하였으며, 각 문항에 대한 반응은 유아의 자유 응답을 받아 적는 방식으로 구성하였다. 문항의 구성은 〈표 2-2〉와 같고, 유아의 반응에 대한 정, 오 판정 기준은 다음 〈표 2-3〉과 같다.

〈표 2-2〉 문항의 구성

6차 유치원 교육과정 탐구영역	검사도구의 과학영역	문항 수
우리 몸에 대해 알아보기	인체탐구 영역	6 문항
생물에 대하여 관심 가지기		
자연현상에 대해 알아보기	자연현상 탐구영역	6 문항
물체 및 물질 탐색하기	물체 및 물질 영역	6 문항
도구와 기계에 관심 가지기		
계	3 영역	18 문항

〈표 2-3〉 정개념의 기준

탐구영역	문항내용	정개념의 기준
인체 탐구영역	1. 코는 어떻게 냄새를 맡을까요?	후각 세포의 작용
	2. 혀는 어떻게 맛을 알까요?	미각 세포의 작용
	3. 눈은 어떻게 볼 수 있을까요?	눈동자의 작용
	4. 귀는 어떻게 소리를 들을까요?	고막이 있어서
	5. 우리 몸속의 뼈는 어떤 일을 할까요?	움직이게, 몸을 지지
	6. 피는 어떤 일을 할까요?	영양분의 운반
자연현상 탐구영역	7. 낮과 밤은 왜 생길까요?	지구의 자전
	8. 무지개는 왜 생길까요?	비온 후 빛의 반사
	9. 봄, 여름, 가을, 겨울은 왜 생길까요?	지구의 공전
	10. 비는 왜 내릴까요?	먹구름, 증발
	11. 천둥은 왜 칠까요?	구름의 충돌
	12. 태풍은 어떻게 생길까요?	찬바람과 더운 바람의 충돌
물체 및 물질영역	13. 자석에는 쇠붙이만 붙는 이유는 무엇일까요?	자석의 전극이 쇠를 당김
	14. 물을 끓이면 왜 물이 줄어들까요?	증발(수증기)
	15. 설탕은 어떻게 물에 녹을까요?	용해, 분해 작용
	16. 비행기는 어떻게 날 수 있을까요?	양력, 추진력의 작용
	17. 배는 어떻게 물에 떠 있을까요?	표면장력, 부력 작용
	18. 전구에는 어떻게 불이 켜질까요?	필라멘트와 전기의 작용

위의 연구에서 J시에 소재하는 유아교육기관 6개소, C시에서 2개소 그리고 S시에서 2개소 등 전체 10개의 유아교육기관을 선정하여 각 유아교육기관 별로 만3, 4, 5세 유아 각 5명씩 전체 150명을 대상으로 검사를 실시하였다. 전체 18개 문항에 대해 유아들에게 질문하고, 그들의 자유반응을 기록하여 그 내용을 정, 오개념 판별 기준에 따라 채점을 한 후, 과학영역별 유아들

의 과학개념 습득 현황을 정리한 결과는 다음과 같다.

1) 인체 탐구영역에 대한 유아 과학개념 습득현황

인체 탐구영역에 대한 유아의 연령별 과학개념 습득현황은 다음 <표 2-4>와 같다.

〈표 2-4〉 인체 탐구영역의 연령별 습득현황 단위: 명(%)

구 분	3세(46명)			4세(50명)			5세(45명)		
	정개념	오개념	무응답	정개념	오개념	무응답	정개념	오개념	무응답
1. 코	0(0)	40(87)	6(13)	1(2)	44(88)	5(10)	1(2)	41(91)	3(7)
2. 혀	0(0)	36(78)	10(22)	1(2)	42(84)	7(14)	7(16)	35(77)	3(7)
3. 눈	6(13)	34(74)	6(13)	15(30)	29(58)	6(12)	23(51)	18(40)	4(9)
4. 귀	1(2)	38(83)	7(15)	0(0)	48(96)	2(4)	6(13)	38(85)	1(2)
5. 뼈	8(17)	32(70)	6(13)	18(36)	28(56)	4(8)	24(53)	20(45)	1(2)
6. 피	0(0)	40(87)	6(13)	1(2)	42(84)	7(14)	1(2)	38(85)	6(13)

위의 <표 2-4>에서 제시된 바와 같이 인체 탐구영역의 6개 문항에 대한 유아의 반응을 분석하기 위해서 각 연령별 정개념의 반응 비율을 가지고 각 문항을 비교해 보면, 연령의 증가에 따라 정반응의 비율이 높은 문항은 뼈-눈-혀-귀-피-코의 순으로 나타났다.

제시된 <표 2-4>를 바탕으로 유아의 인체 탐구영역의 정개념 반응 비율을 그래프로 나타내면 다음 <그림 2-1>과 같다.

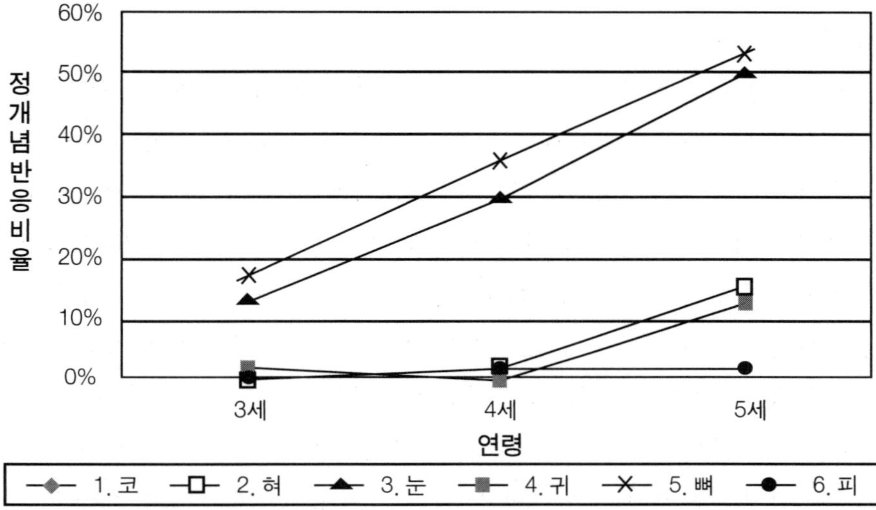

※ '코'와 '뼈'의 연령별 반응 비율은 동일함

〈그림 2-1〉 인체 탐구영역의 정반응 비율 그래프

위 〈그림 2-1〉과 같이 뼈의 작용에 관한 문항과 눈의 작용에 관한 문항에 대해서는 연령의 증가에 따라 비교적 지속적으로 꾸준하게 정개념의 비율이 증가하여 5세경에는 50%이상의 유아가 각 기능에 대해 정반응의 비율이 증가하는 것으로 나타났다. 이 두 문항에 대한 연령별 정개념의 반응 비율을 살펴보면, 우선 뼈의 기능에 대한 문항에서는 3세 유아는 17%, 4세 유아는 36%, 5세 유아는 53%로 나타났으며, 눈의 기능에 대한 문항에서는 3세 유아가 13%, 4세 유아가 30%, 5세 유아가 51%의 비율로 증가하고 있음을 알 수 있다.

반면에 코의 작용과 피의 기능을 묻는 문항에 대해서는 연령의 증가에도 불구하고 개념이 거의 형성되지 않고 있다. 코의 작용에 대한 문항에서의 유아의 정반응 비율이 3세 유아가 0%, 4세 유아가 2%, 5세 유아가 2%로 나타났고, 피의 기능에 대한 문항에서는 3세 유아가 0%, 4세 유아가 2%, 5세 유아가 2%로 나타나 이 두 문항에 있어서는 연령의 증가에 따른 차이가 거의 없었다.

이에 비해 혀의 작용에 대한 문항에 있어서는 3세가 0%, 4세가 2%, 5세가 16%의 정개념 반응 비율이 나타났으며, 귀의 작용에 대한 문항에서는 정개념의 비율이 3세가 2%, 4세가 0%, 5세가 13%의 비율로 나타났다. 이 두 문항에 대한 유아의 정반응 비율이 증가되어가는 추이를 살펴보면 3세와 4세에서는 정개념 형성이 거의 이루어지지 않고 있다가 5세 유아에게서 정개념 반응 비율이 비교적 높게 증가하고 있다. 이러한 현상을 통해 혀의 기능과 귀의 기능에 대한 유아의 개념형성은 5세경부터 이루어지고 있음을 알 수 있다.

한편, 각 문항에 대해 유아가 가진 오개념의 반응 비율을 살펴보면, 혀의 작용과 귀의 작용에 대한 문항에 있어서는 3세 유아 보다는 4세 유아의 오개념 반응 비율이 높게 나타나며 5세 유아에게서 다시 감소하는 역U 곡선 현상이 나타나고 있음을 알 수 있다. 4세 때 오개념의 반응 비율이 증가하는 현상은 개념발달과정에서 개념이 거의 정립되지 않거나 단순한 개념을 가지고 있는 3세에서, 보다 복잡하고 복합적인 개념이 확보되기 시작하는 5세 사이에서 4세 유아가 개념정립의 이행기에 있음을 보여 주는 것이라고 할 수 있다.

2) 자연현상 탐구영역에 대한 유아 과학개념 습득현황

자연현상 탐구영역에 대한 유아의 연령별 과학개념 습득현황은 다음 <표 2-5>와 같다.

〈표 2-5〉 자연현상 탐구영역의 연령별 습득현황 단위 : 명(%)

구 분	3세(46명)			4세(50명)			5세(45명)		
	정개념	오개념	무응답	정개념	오개념	무응답	정개념	오개념	무응답
7. 낮밤	1(2)	40(87)	5(11)	1(2)	47(94)	2(4)	8(18)	36(80)	1(2)
8. 무지개	1(2)	41(89)	4(9)	8(16)	40(80)	2(4)	10(22)	34(76)	1(2)
9. 계절	1(2)	34(74)	11(24)	1(2)	42(84)	7(14)	3(7)	36(80)	6(13)
10. 비	14(30)	29(63)	3(7)	22(44)	26(52)	2(4)	25(56)	17(37)	3(7)
11. 천둥	0(0)	41(89)	5(11)	1(2)	47(94)	2(4)	1(2)	40(89)	4(9)
12. 태풍	0(0)	41(89)	5(11)	0(0)	47(94)	3(6)	2(4)	39(88)	4(8)

위의 <표 2-5>에서 제시된 바와 같이 자연현상 탐구영역의 6개 문항에 대한 유아의 반응을 분석하기 위해서 각 연령별 정개념의 반응 비율을 가지고 각 문항을 비교해 보면, 연령의 증가에 따라 정반응의 비율이 높은 문항은 비-무지개-낮밤-계절-태풍-천둥의 순으로 나타났다.

제시된 <표 2-5>를 바탕으로 유아의 자연현상 탐구영역의 정개념 반응 비율을 그래프로 나타내면 다음 <그림 2-2>와 같다.

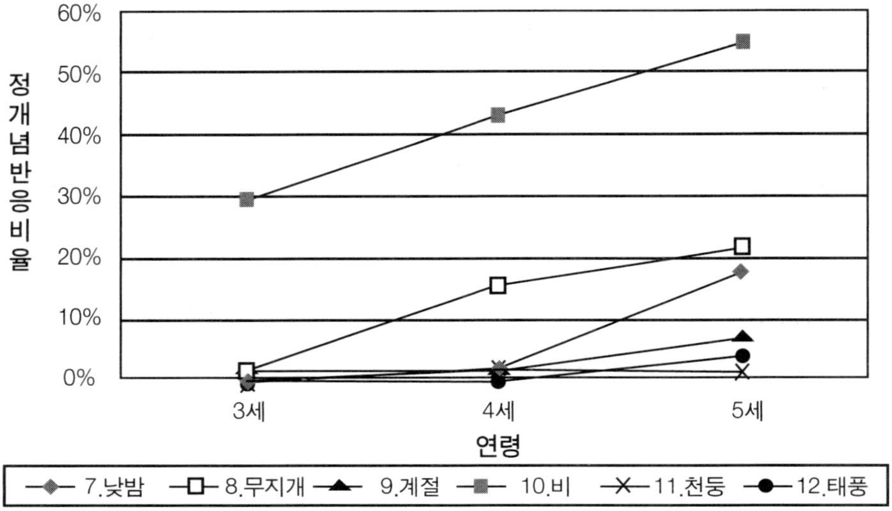

〈그림 2-2〉 자연현상 탐구영역의 정반응 비율 그래프

〈그림 2-2〉와 같이 비가 내리는 원인에 관한 문항에 대해서는 연령의 증가에 따라 비교적 꾸준하게 정개념의 반응 비율이 증가하여 3세는 30%, 4세는 44%, 5세는 56%의 유아의 정반응을 하는 것으로 나타났다.

반면 계절의 변화, 태풍의 원인 그리고 천둥의 원인을 묻는 문항에 대해서는 연령의 증가에도 불구하고 개념의 형성이 거의 이루어지지 않고 있다. 계절의 변화에 대한 문항에서의 유아의 정반응 비율은 3세가 2%, 4세가 2%, 5세가 7%로 나타났고, 태풍의 원인에 대해서는 3세가 0%, 4세가 0%, 5세가 4%로 나타났으며, 천둥의 원인에 대해서는 3세가 0%, 4세가 2%, 5세가 2%로 나타나고 있어서 연령의 증가에 따른 차이는 거의 없었다.

이에 비해 낮과 밤의 생기는 현상에 대한 문항에 대해서는 3세가 2%, 4세가 2%이지만 5세 유아에게서는 정반응 비율이 18%로 나타나고 있다. 이는 지구의 자전에 대해서는 5세가 되어서야 유아에게서 서서히 개념의 형성이 이루어지고 있음을 알 수 있다.

무지개가 생기는 원인에 대한 문항에서는 3세가 2%, 4세가 16%, 5세가 22%의 정반응 비율을 보이고 있는데, 무지개 현상은 4세 때 개념의 형성이 이루어지기 시작하는 것 알 수 있다.

한편, 각 문항에 대해 유아가 가진 오개념의 반응 비율을 살펴보면, 비와 무지개 문항 외의 4개 문항, 즉 낮과 밤, 계절, 천둥, 태풍의 문항에서는 3세 유아 보다는 4세 유아의 오개념 반응 비율이 높게 나타나며 5세 유아에게서 다시 감소하는 역U 곡선 현상이 나타나고 있다. 이러한 현상은 인체 탐구영역에서 나타나는 바와 같이 4세 때 오개념의 반응 비율이 증가하는 현상은 개념발달과정에서 개념이 거의 정립되지 않거나 단순한 개념을 가지고 있는 3세에서, 보다 복잡하고 복합적인 개념이 확보되기 시작하는 5세 사이에서 4세 유아가 개념정립의 이행기에 있음을 보여 주는 것이라고 할 수 있다.

3) 물체 및 물질영역에 대한 유아 과학개념 습득현황

물체 및 물질영역에 대한 유아의 연령별 과학개념 습득현황은 다음 <표 2-6>과 같다.

〈표 2-6〉 물체 및 물질영역의 연령별 습득현황 단위 : 명(%)

구분	3세(46명)			4세(50명)			5세(45명)		
	정개념	오개념	무응답	정개념	오개념	무응답	정개념	오개념	무응답
13. 자석	0(0)	38(83)	8(17)	0(0)	47(94)	3(6)	4(9)	39(87)	2(4)
14. 증발	0(0)	37(80)	9(20)	1(2)	44(88)	5(10)	3(7)	39(86)	3(7)
15. 설탕	0(0)	40(87)	6(13)	1(2)	48(96)	1(2)	4(9)	36(80)	5(11)
16. 비행기	0(0)	43(93)	3(7)	2(4)	48(96)	0(0)	2(4)	40(89)	3(7)
17. 배	0(0)	44(96)	2(4)	0(0)	50(100)	0(0)	1(2)	42(94)	2(4)
18. 전구	0(0)	40(87)	6(13)	0(0)	46(92)	4(8)	3(7)	40(89)	2(4)

위의 <표 2-6>에서 제시된 바와 같이 물체 및 물질영역의 6개 문항에 대한 유아의 반응을 분석하기 위해서 각 연령별 정개념의 반응 비율을 가지고 각 문항을 비교해 보면, 연령의 증가에 따라 정반응의 비율이 높은 문항은 설탕-자석-증발-전구-비행기-배의 순서로 나타났다.

제시된 <표 2-6>을 바탕으로 유아의 물체 및 물질영역의 정개념 반응 비율을 그래프로 나타내면 다음 <그림 2-3>과 같다.

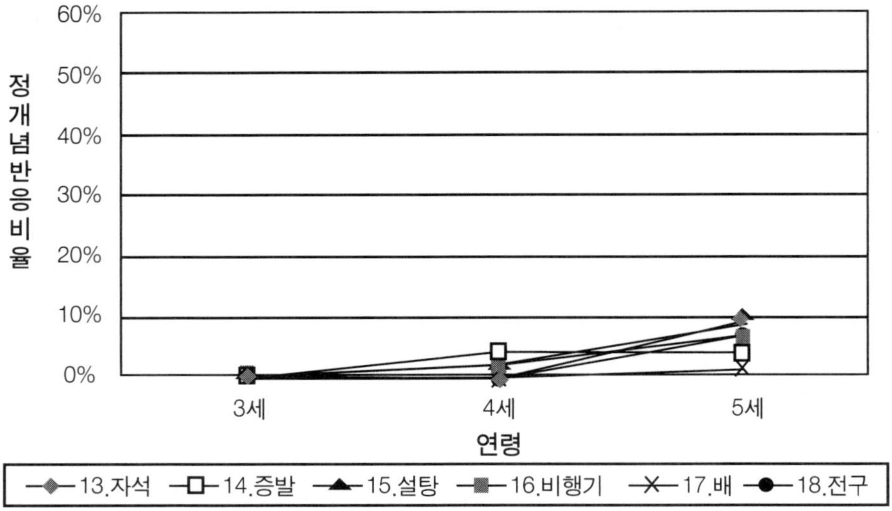

<그림 2-3> 물체 및 물질영역의 정반응 비율 그래프

<그림 2-3>과 같이 물체 및 물질 영역의 6개 문항에서 정개념에 대한 유아의 반응 비율은 연령의 증가에도 불구하고 큰 변화가 없는 것으로 나타났다. 5세 유아에게서 정개념 반응 비율이 가장 높게 나타나는 문항인 설탕의 용해와 자석의 성질에 관한 문항에서 검사대상 유아의 9%만 정개념을 형성하고 있다. 이 두 문항의 연령별 정개념 반응비율을 살펴보면, 설탕의 용해에 대한 문항에서 3세 유아는 0%, 4세 유아는 2%, 5세 유아는 9%의 비율을 나타내

었으며, 자석의 성질 문항에서는 3세 유아가 0%, 4세 유아가 0%, 5세 유아가 9%의 비율을 나타내었다.

물의 증발에 대한 문항에서는 3세 유아가 0%, 4세 유아가 2%, 5세 유아가 7%의 비율을 나타내었으며, 전구에 불이 켜지는 이유를 묻는 문항에서는 3세 유아가 0%, 4세 유아가 0%, 5세 유아가 7%의 비율을 나타내었다. 그리고 비행가 날게 되는 원리를 묻는 문항에 대해서는 3세 유아가 0%, 4세 유아가 4%, 5세 유아가 4%의 비율을 나타내었으며, 배가 뜨는 원리를 묻는 문항에 대해서는 3세 유아가 0%, 4세 유아가 0%, 5세 유아가 2%의 비율을 나타내고 있다. 특히 배가 뜨는 원리에 대해서는 연령 증가에도 불구하고 거의 개념의 변화가 없는 것으로 나타났다.

한편, 각 문항에 대해 유아가 가진 오개념의 반응 비율을 살펴보면, 물체 및 물질 영역의 6개 문항 전체에서 3세 유아 보다는 4세 유아의 오개념 반응 비율이 높게 나타나며 5세 유아에게서 다시 감소하는 역U 곡선 현상이 나타나고 있다. 다른 과학 영역에서 나타나는 것과 같이 물체 및 물질 영역에서도 4세 때 오개념의 반응 비율이 증가하는 현상은 개념발달과정에서 개념이 거의 정립되지 않거나 단순한 개념을 가지고 있는 3세에서, 보다 복잡하고 복합적인 개념이 확보되기 시작하는 5세 사이에서 4세 유아가 개념정립의 이행기에 있음을 보여 주는 것이라고 할 수 있다.

이상에서 살펴 본 바에 의하면 세 개의 과학영역에서 유아들이 습득하고 있는 개념 수준은 매우 다양하다. 유아들이 지니고 있는 과학개념 습득수준은 코, 혀, 눈, 귀, 뼈 그리고 피의 기능 및 역할과 관련된 '인체 탐구영역'에서는 '뼈의 기능'과 '눈의 작용'에 대한 문항에서 유아의 정반응 비율이 연령의 증가에 따라 비교적 지속적으로 증가하다가 만 5세의 유아에게서는 50% 이상의 아동들이 정반응을 나타내고 있다.

낮과 밤, 무지개, 계절, 비, 천둥 그리고 태풍 등과 관련된 '자연현상 탐구영역'에서는 '비가 내리는 원인'을 묻는 문항에서 유아의 정반응 비율이 연령의 증가에 따라 비교적 지속적으로 증가하다가 만 5세의 유아에게서 50% 이상의 유아들이 정반응을 나타내고 있다. 그러나 두 영역의 나머지 문항에 있어서는 연령의 증가에도 불구하고 정반응의 비율이 낮게 나타나고 있어, 많은 유아들이 오개념을 형성하고 있음을 알 수 있었다.

특히 자석, 물의 증발, 설탕의 용해, 비행기, 배 그리고 전구의 켜짐 등과 관련한 과학 현상을 묻는 '물체 및 물질 영역'의 문항에서는 6문항 모두에서 3세와 4세는 물론이고 5세 유아들에게서도 정반응 비율이 10%에도 못 미치고 있어 이 영역과 관련하여서는 대부분의 유아가 오개념을 가지고 있는 것으로 나타나고 있다.

제3장

유아의 과학 개념변화

유아에 대한 과학교육을 과학 지식의 전수로 보는 전통적인 과학교육에서는 유아의 능동적인 지식 구성에 대한 중요성을 인식하지 못하였다. 유아는 백지에 그림을 그리는 것처럼 새로운 개념을 획득하는 것이 아니라 자신의 머릿속에 이미 형성되어 있는 선개념을 변화시키거나 더욱 발전시키는 형태로 학습을 진행한다. 즉, 학습은 유아의 머릿속에 이미 형성된 개념과 새로 배우게 될 개념과의 상호작용에 의해서 이루어지며, 학습과정은 학습자 스스로가 의미를 구성해 나가는 능동적 과정인 것이다.

유아가 지식을 구성해 가는 과정을 고려해 볼 때 사물에 직접 행위를 가하고, 혹은 제3자의 행위에 따른 물체의 변화를 관찰하는 등의 직접 조작이 가능한 물리적 환경의 제공은 과학 교육에 필수적인 요소이다. 따라서 유아가 과학적 지식을 형성하도록 하려면 과학적 개념, 원리, 설명을 가르치는 것이 아니라 사물을 가지고 조작하고 그 사물을 관찰할 기회를 제공(Chaille & Britain, 2003; Kamii & DeVries, 1990)하는 개념변화 교수 과정을 통해 유아의 오개념에 대한 개념변화가 가능하다.

Ausubel(1968)이 학생들이 가지고 있는 선개념(preconceptions)이 학습에 끼치는 영향을 지적한 이래 과학교육자들에 의해 학생들의 과학개념에 대한 많은 실증적 연구가 이루어졌다. 특히 학생의 과학 오개념에 대한 연구는 과학교육이 태동한 이래로 가장 폭넓고 종합적으로 연구된 분야이며, 연구자료 또한 가장 많이 축적된 분야이기도 하다(송진웅, 2003). 또한 실제로 학생의 과학 오개념에 대한 연구는 지금까지의 그 어떤 교육 및 심리 이론보다 과학의 교수-학습 활동에 대한 구체적이고 상세한 정보를 제공해 주고 있다.

아동이 지니고 있는 오개념의 파악으로부터 시작된 오개념에 관한 연구는 오개념의 특성 이해, 개념형성 과정과 변화과정의 이해, 이를 해소할 수 있는 수업모형의 개발 등으로 폭과 깊이를 더해가고 있다(권재술, 김범기, 1993). 그러나 과학교육에 있어서 유아의 잘못된 개념에 초점을 맞춘다는 것은 자칫 결과적인 개념형성에만 치중하는 것이라는 오해를 불러일으킬 우려가 있다. 그럼에도 불구하고 유아가 수업 이전에 이미 자기만의 개념으로 형성한 선개념(preconception)이 학습과정에 지속적으로 영향을 미친다는 것이 밝혀지고 있으며(곽향림, 2002), 이에 대해서 유아의 부정확한 선개념을 과학적으로 변화시킬 수 있는 과학 개념변화에 관한 연구가 활발하게 이루어지고 있다(박지연 · 이경호, 2004).

1. 유아 과학수업의 실제

여기에서는 유아의 과학 개념변화를 위한 교수모형을 개발하기 위한 기초작업으로 유아교육기관에서 이루어지고 있는 과학수업의 과정을 제시하고 이에 대해 분석하고자 한다.

1) 유아 과학수업 장면

다음은 유치교육기관에서의 과학교육의 실제 장면으로 마찰력에 대한 수업내용이다.

주제 : 마찰력

교사 : 어린이 여러분, 안녕하세요?

유아들 : 안녕하세요?

교사 : 오늘 과학시간에는 친구들이 조금 들어보기 힘든 말을 할 거예요. 무슨 말이냐면요. 마찰력이라는 걸 들어 볼 거예요, 그죠? 친구들, 마찰력이라는 말이 좀 어렵죠? 어른들이 쓰는 말 같죠? 그런데요, 마찰력

은요, 우리가 생활할 때 항상 느낄 수 있는 거예요. 그런데 마찰력을 어떻게 알 수 있냐면요, 수정아, 마찰력을 어떻게 알 수 있을까?

수정 : ……

교사 : 마찰력을 어떻게 알 수 있을까요?

수정 : 모르겠어요.

교사 : 모르겠어요? 그러면 선생님이 하는 말 잘 들어 보세요. 알겠어요? 그러면 친구들은요, 잘 알 수 있을 거예요. 들어가기 전에 선생님이 동화를 읽어 줄게요. 마찰력에 관한 동화를 선생님이 읽어줄게요. 친구들에게 나눠준 이야기, 한번 펴보세요. 놀이터에서는 언제나 신나는 일들이 일어나죠. 낮에는 친구들이 재미있게 놀고 밤에는 샛별 요정들이 놀러 와서 신나게 놀곤해요. "놀이터에서 노는 건 너무 재밌어." "그래, 난 씽씽 내려가는 미끄럼틀 타는 것이 너무 좋아." "난 왔다갔다 하늘도 보고 땅도 보는데 그네 타는 것이 너무 좋아." "친구야, 신나게 놀다 보니 벌써 어두워졌어. 그래, 얼른 집으로 가야해. 엄마 걱정하잖아." 친구들은 하나둘씩 집으로 돌아갔어요. 고양이 친구가 나타났어요. 누가 나타났다구요?

유아들 : 고양이.

교사 : "야옹~ 이제 내 세상이다. 너무 좋은걸. 그런데 밤이 되면 샛별 요정이 나타나 신나게 놀텐데. 그럼, 샛별친구들이 좋아하는 미끄럼틀에 모래를 뿌려 놓자." 샛별 요정들은 밤을 기다려 미끄럼틀도 타고 시소도 타고 그네도 타고 놀았어요. 그런데 샛별 요정들이 신나게 노는 것을 질투한 고양이가 미끄럼틀을 거칠거칠하게 만들어 놓았어요. "밤이 되니 너무 좋아." "그래, 이렇게 늦게 와서 놀면 너무 좋아." "어? 미끄럼틀이 이상해. 잘 내려가지 않아." "야옹~ 내가 모래를 뿌려놨지." "그런데 왜 잘 내려가지 않을까?" 샛별 요정들은 왜 잘 안 내려가는지 알지 못하나 봐요. 미끄럼틀에서 샛별 요정들이 잘 내

려갈 수 없었던 까닭은 무엇일까요? 동화가 끝났어요, 친구들! 샛별 요정들이요, 미끄럼틀을요, 타는데 왜 잘 내려가지 않았을까요?

유아들 : 모래.

교사 : 누가요? 누가 모래를 뿌렸어요?

유아들 : 고양이.

교사 : 친구들, 친구들도 놀이터에서 미끄럼틀을 탈 때 모래가 있으면 잘 내려가지 않아요?

유아들 : 네.

교사 : 정말? 잘 내려가요? 그런데 모래를 뿌렸을 때 하구요, 안 뿌렸을 때 하구요. 어땠어요? 어떤 게 더 잘 내려갔어요?

유아 : 모래 안 뿌렸을 때요.

교사 : 어떤 게요? 어떤 게 잘 내려 갔다구요?

유아들 : 모래가 없는 거요.

교사 : 모래가 없는 것이 잘 내려갔어요? 맞아요? 친구들도 느꼈어요?

유아들 : 네.

교사 : 근데 모래가 있으면 왜 잘 안 내려 갔을까요?

은지 : 까칠까칠해서요.

교사 : 까칠까칠해서 안내려 간 거예요?

유아들 : 네.

교사 : 그렇구나, 그러면 우리가 거칠거칠한 부분이 있는 곳에는 잘 내려가기 힘들어요?

유아들 : 네.

교사 : 왜요?

유아 : 까칠까칠해서요.

교사 : 까칠까칠하기 때문에?

유아 : 네.

교사 : 그런데요, 친구들. 우리 목욕탕에요, 그죠? 엄마가요, 우리 친구들이 신발신고 물기가 있으니까 주루룩 미끄러지니깐요, 목욕탕에 잘 미끄러지지 않는 걸 발라놓죠? 그죠? 그런데 이렇게 미끄러지고 미끄러지지 않는 게 뭐냐면요, 마찰력이라 그러는 거예요. 이 마찰력은요, 내가 가려고 하는 방향 반대방향으로 생긴대요. 그래서 미끄럼틀을 타고 주루룩 내려올 때는요, 못 내려가게 꽉 잡는대요. 반대방향으로 움직인대요. (두 손을 위 아래로 붙이면서) 친구들, 손을 이렇게 해보세요. (왼손을 흔들며) 나는요, 위에서 미끄럼틀을 타는 손이예요. 왼손이 내가 타는미끄럼틀 손이예요, 그죠? 밑에는 미끄럼틀이예요, 오른손은 미끄럼틀이예요. 내가 이렇게 내려가는데요, 마찰력이라는 힘은 어떻게 된다구요? 반대방향으로 당긴다 했죠, 가지 못하게. 가지마! 가지마! 이렇게 가지 못하게 한다고 했죠? 맞아요, 안 맞아요?

유아들 : 맞아요.

교사 : 그런데 이 마찰력은요, 울퉁불퉁 하거나 또 모래처럼 까칠까칠한 게 있으면요, 더 잘된대요. 그래서 어떨 때는요 미끄럼틀을 쭉 타고 가다가도요 모래 때문에 멈춰 서는 수가 있죠? 그럼 마찰력이 센 거예요, 안 센 거예요?

유아들 : 센 거예요.

교사 : 맞죠? 그리고 친구들, 마찰력은 다른 곳에서도 볼 수 있어요. 어디에서 볼 수 있어요?

유아들 : 음..

교사 : 어디에서 볼 수 있을까? 영범이 말해보세요.

유아3 : 스케이트 타는 데서요.

교사 : 맞아요! 스케이트 타는 데서 느낄 수 있어요. 스케이트는 마찰력이 너무너무 없죠? 잘 미끄러지죠, 친구들? 매끈매끈한 얼음 위에서는

요, 어떻게 된다고? 마찰력이 강할까요, 약할까요?

유아들 : 약해요.

교사 : 약하죠? 맞아요. 마찰력이요 거칠거칠한 데는 강하구요, 매끈매끈한 데는 약하대요, 그래서 스케이트 탈 때는 어떡해요? 우리가 평소에 걷는 것보다 빨라요, 안 빨라요?

유아들 : 빨라요.

교사 : 주루룩 미끌어지죠? 마찰력이 너무 약해서. 그죠? 그래서 그런 거에요. 그러면 친구들 우리 여기서 볼 때요, 샛별 요정들이 미끄럼틀을 못 타게 고양이들이 모래를 뿌려놨다고 했죠? 정말 그랬을까, 안 그랬을까? 볼까요? 그럼 선생님이 나눠준 봉투를 꺼내세요. 봉투를 열어가지고요.

유아 : 열었어요.

교사 : 미끄럼틀이 되었어요, 그죠? 미끄럼틀을 만들어 보세요, 친구들. 이렇게. 선생님처럼. 이렇게 만들고요. 그 다음에 여기요 까끌까끌한 모래처럼 느낌이 오는 거 있죠? 까끌까끌한 거요. 그죠? 이 느낌이 오는 걸 여기다가 파란색에다가 딱 붙이세요. 한쪽부분에는 모래를 뿌려 놓은 것처럼 까끌까끌하고 한쪽에는 그냥 우리가 타는 미끄럼틀처럼 매끈매끈해요. 맞아요 안 맞아요?

유아들 : 맞아요.

교사 : 못 하겠어요? 천천히 해보세요.

유아 : 나, 못하겠다.

교사 : 아니, 못 하겠다 하지 말고 천천히 해보세요, 선생님 좀 있다가 도와줄게요. 까끌까끌한 부분에 마찰력이 셀까요, 매끈매끈한 부분에 마찰력이 셀까요?

유아들 : 까끌까끌.

교사 : 응, 실험해 봐요, 친구들이. 잘 내려가는 부분이 마찰력이 셀까요, 잘

내려가지 않는 부분이 마찰력이 셀까요?

유아 :잘 안 내려가는 거.

교사 : 오늘 우리 친구들 과학시간에 무슨 실험하고 있어요, 지금?

유아 : 마찰력.

교사 : 응, 다같이 따라해 보세요. 마찰력.

유아들 : 마찰력.

교사 : 마찰력.

유아들 : 마찰력.

교사 : 그래서, 마찰력이 생기는지 안 생기는지, 정말 선생님 말이 맞는지 안 맞는지, 선생님이 틀렸으면요, 거칠거칠한 부분은 쭈욱 잘 내려가구요, 선생님 말이 맞으면요, 거칠거칠한 부분에는요, 잘 안내려가겠죠? 그죠? 똑같은 상황을 만들어봤습니다. 다 만들어봤습니까, 친구들? 손으로 만져보세요. 손으로. 자, 느낌이 어때요?

유아들 : 거칠거칠해요.

교사 : 그럼 반대 방향은요? 노란색은요?

유아들 : 미끈미끈.

교사 : 미끈미끈하죠? 여기는 고양이들처럼 모래를 뿌려놓은 느낌이죠? 여기는 고양이들이 모래를 뿌리지 않은 미끄럼틀이예요. 자, 친구들 선생님 좀 봐주세요. 선생님은 아주 큰 미끄럼틀 준비 해왔어요. 한번 보세요, 친구들. 이친구가 이제 미끄럼틀 탈거예요, 네모친구가요. 자, 친구들처럼 미끄럼틀처럼 이렇게 생긴 것을 만들어가지고 탈거예요. (미끄럼틀에 붙은 부직포를 문지르며) 여기는요, 여기는 어때요?

유아들 : 거칠거칠해요.

교사 : 어떻다구요?

유아들 : 거칠거칠해요!

교사 : (부직포가 안 붙은 곳을 문지르며) 여기는요?

유아들 : 미끌미끌.

교사 : 자, 내려가 볼게요. 어디가 빨리 내려가는지 한번 보세요. 알았죠? (부직포 위로 네모친구(정육면체) 내린다)

유아 : 다시.

교사 : 자, 그 다음에 여기. (부직포가 없는 곳으로 내린다) 누가 빨리 갔어요?

유아들 : 미끌미끌!

교사 : 정말?

유아들 : 네!

교사 : 다시 한 번 볼까요? 안 본 친구들을 위해 다시 한 번 볼까요?(아까와 같은 방법으로)

유아 : 미끌미끌!

교사 : 정말이죠? 그죠? 그러면요, 이 친구도 한번 태워 볼까요? (원기둥모형을 아까처럼 미끄럼틀로 내린다)

유아들 : 미끌미끌!

교사 : 그렇죠? 어느 쪽이 마찰력이 커요?

유아 : 꺼칠꺼칠.

교사 : 맞죠? 마찰력은요 끌어당기는 힘이 세면 셀수록 강해진다고 했죠? 그런데 마찰력은 세워서 가는 거하고 눕혀서 가는 거하고 아무 상관이 없대요, 똑같은 힘을 받는대요. 그래서 미끄럼틀을 서서 타는 거나 앉아서 타는 거나 마찰력은 항상 똑 같아요. 이 길쭉하게 생긴 네모모양 나무토막은요, 반듯하게 눕혀서 (미끄럼틀을) 태우는 거나 세워서 태우는 거나 마찰력은 똑같대요, 알았습니까?

유아들 : 네.

교사 : 자, 친구들, 오늘 우리 공부한건 뭐예요?

유아들 : 마찰력!

교사 : 뭐라구요?

유아들 : 마찰력!

교사 : 우리가 마찰력을요, 항상 우리 생활 속에서 느낄 수 있을까요, 없을까요?

유아들 : 있어요.

교사 : 느낄 수 있죠?

유아들 : 네.

교사 : 길을 가다가 쭈욱 미끄러지면요, 어, 마찰력이 많이 없어서 내가 쭉 미끄러지는구나, 그죠, 이렇게 생각할 수 있겠다. 알았습니까? 미끄럼틀을 탈 때 잘 안 내려갔을 때는요, 와, 마찰력이 너무너무 강해서 잘 안내려 가는구나 이렇게 생각하면 되겠죠?

유아1 : 와, 신기하다.

교사 : 그죠, 너무너무 신기하죠? 우리가 오늘 마찰력에 대해 배웠는데요.

유아1 : 야, 안내려간다.

유아2 : 나는 내려가는데?

유아1 : 나는 안 내려가는데.

교사 : 우리가 오늘 공부한 마찰력, 친구들 도움 많이 됐어요?

유아들 : 네.

2) 수업내용의 개요

유아 과학수업이 이루어지는 교실에서 교사가 4세반 유아 10명을 대상으로 마찰력을 주제로 과학수업을 실시하였다. 교사는 먼저 수업의 도입부분에서 유아들의 주의를 집중하고 동기를 유발하기 위해 오늘 수업의 주제와 관련된 구연동화를 들려주는 것으로 수업을 시작하였다. 동화를 들려주고 나서 교사는 동화내용과 관련해서 미끄럼틀을 타 본 아동의 경험을 물어보고, 또 미끄럼틀에 모래가 있으면 잘 내려가지 않는 이유를 생각해 보게 하는 질문도 던졌다.

그 후에 교사는 목욕탕을 예로 들어 마찰력의 개념을 말해 주었으며, 미끄러지는 면이 고르지 않고 울퉁불퉁하거나 거칠면 마찰력이 더 커지는 마찰력의 현상을 설명하고 유아들에게 확인하는 질문을 던지고 있다. 이어서 아동이 경험해 보았던 마찰력(수영장, 스케이트장)을 발표하게 함으로써 생활 속에서 마찰력의 예를 설명하고 있다.

교사는 미리 준비한 마찰력 실험장비들을 나누어 주면서 종이 미끄럼틀을 만들게 하고 아동이 직접 거친 면과 매끈한 면 위로 물체를 미끄러뜨려서 마찰력의 강도를 실험을 통해 직접 확인할 수 있도록 했다. 또한 교사는 절반은 그대로 두고 절반에는 부직포를 붙인 화이트보드를 준비하여 미끄럼틀처럼 경사지게 해 놓고 각각의 표면위로 몇 가지 물체를 내려 보내 봄으로써 경사면의 거칠고 매끄러움에 따라 마찰력이 다르다는 것을 유아들이 관찰할 수 있도록 하였다.

정리 부분에서 교사는 동일한 표면 조건이라면 그 표면에 닿는 면적과 관계없이 마찰력은 동일하다는 설명을 덧붙이고, 우리의 생활 주변에 마찰력이 존재하고 있으며 이를 상기하도록 권고하면서 수업을 맺고 있다.

3) 수업내용의 분석

수업장면에서 교사는 유아들에게 마찰력을 이해시키기 위해 유아와 친숙하고 매일 접할 수 있는 미끄럼틀을 소재로 한 구연동화를 들려줌으로써 유아가 과학에 대한 거부감 없이 접근할 수 있도록 하고 있다. 또한 수업 진행의 전 과정에서 교사가 유아들에게 질문을 하고 유아들도 질문에 대해 비교적 적극적으로 대응하고 있다.

그러나 조작에 의해 나타나는 현상에 대해 교사가 질문을 하고 유아가 답

변하는 형식을 취하고는 있으나 대체로 단편적인 관찰의 결과를 묻는 것이거나 교사의 의도에 맞는 답변을 유도하거나 요구하고 있다. 교사는 유아들의 다양한 반응을 허용하는 개방적인 방식으로 활동을 소개해야 하며, 동시에 관찰을 하면서 유아들이 무엇에 대해서 이론을 정립하고 있는지를 보여주는 신호에 주의를 기울여야 한다. 또한 다양한 아이디어와 가능성을 허용하는 어조로 유아들의 아이디어에 반응해야 한다(Chaille & Britain, 2000). 이 수업에서는 실험 조작의 과정에서 마찰력에 대해 유아의 관찰할 수 있는 기회를 충분히 제공하지 못하고 있으며, 관찰의 결과에 대한 유아의 반응을 확인하지도 않고 교사가 마찰력에 대해 직접 설명을 해줌으로써 마찰력이 생기는 원리에 대해서 유아가 탐색하고 추론할 수 있는 기회를 마련해 주지 못하고 있다. 구성주의에서는 유아의 손으로 조작하는 것 자체에 의미를 두기보다는 조작을 통한 유아의 사고를 유발하는 데 초점을 두고 있으며, 이러한 점에서 이 수업은 유아의 사고를 조장하는 배려가 부족하다고 할 수 있다.

수업의 종결 부분에서 마찰력은 물체가 표면에 닿는 면적과는 무관하다는 원리를 말로 설명하기 보다는 관찰한 결과에 대한 유아의 생각을 묻고 그것이 오개념이든 정개념이든 이를 바탕으로는 그 원리를 설명해 줄 필요가 있다. 또한 "마찰력이 없으면 어떻게 될까?", "마찰력을 이용한 기구들은 어떤게 있을까?", 혹은 "마찰력을 줄여서 좋은 점은 무엇이 있을까"와 같은 지적 호기심을 자극하는 질문을 통하여 보다 심화된 사고를 할 수 있도록 하는 기회를 제공하고 실생활과 관련지어 보충 설명을 해주는 과정을 포함시켰더라면 더 좋은 수업이 되었을 것이다.

2. 과학 개념변화의 교육적 조건

유아의 오개념을 바로잡아 정개념을 형성하도록 하는 개념변화란 학습자가 자신의 현존하는 지식을 사용하여 새로운 정보를 의미있게 만드는 과정이라 할 수 있다. 즉 새 개념을 통해 기존의 개념을 재구성함으로써 또는 기존개념을 새 개념으로 교환함으로써 자신들의 개념을 변화시켜 가는 과정이 학습이라는 것이다(Hewson, 1996; 곽향림, 2002). 이에 따라 유아의 능동성을 존중하고 스스로 지식을 창출하는 것을 돕는 구성주의적 개념변화 교수는 유아의 자율성을 신장하면서 동시에 과학 개념변화를 유도해 내는 데 유용하다고 할 수 있다.

Dreyfus(1990) 등은 새로운 개념을 학습하기 위해서는 유아들이 능동적으로 자신의 지식을 재구조화하고 재형성하는 과정에 참여해야 한다는 것과, 개념변화의 출발점은 유아의 미분화되어 있고 의도적인 과학적 지식과는 다른 소박한 지식이라고 주장한다. 이러한 관점은 구성주의자들이 언급하듯이 유아는 교사에 의해 제공되는 지식을 채울 '텅 빈 그릇'이 아니라 이미 사전에 구성된 지식으로 가득 차 있는 능동적 학습자로 보는 것과도 같은 맥락이다. 이와 같이 유아가 스스로 의미를 구성하는 존재임을 인정한다면 유아가 능동적일 때 오개념에 대한 개념변화가 가능하다는 것을 의미한다.

과학개념과 관련하여 1970년대 중반부터 과학교육연구의 핵심적인 한 분야로 학습의 본성과 학습자의 사전 개념에 관한 연구가 행해졌다. 연구의 결과 학습자가 수업 이전에 이미 자기만의 개념으로 형성한 선개념(preconception)이 학습과정에 지속적으로 영향을 미치며, 이후 학습자의 선개념을 과학적으로 변화할 수 있도록 돕는 과학 개념변화에 관한 연구가 활발하게 이루어지고 있다(박지연 · 이경호, 2004).

개념변화와 관련하여 지금까지 이루어진 연구에서 개념변화가 일어나도록 하는 교수를 지원하는 교육적인 조건에 대해 학자들이 제안하는 요소들은 다음과 같다.

먼저, Posner 등(1982)은 학습자에게서 개념변화가 일어나기 위해 충족되어야 하는 필요조건으로 첫째, 선개념에 대한 불만족(dissatisfaction), 둘째, 지적으로 이해할 수 있는 대안(intelligible alternative), 셋째, 대안의 그럴듯함

(plausibility), 넷째, 대안의 유용성(fruitfulness) 등을 들고 있다.

Hewson(1996)은 개념변화를 새 개념과 기존의 개념 간의 위상의 차이로 설명하면서 학습자에게서 이러한 개념변화가 일어나도록 하는 중요한 요인으로 세 가지를 제시하고 있다. 첫째, 학습자에게 그 개념이 이해할 만한가? 둘째, 학습자에게 그 개념이 그럴듯한가? 셋째, 그 개념이 학습자에게 유용한가? 등이다.

Macbeth(2000)는 개념변화를 촉진하기 위해서는 다음의 조건들이 만족되어야 할 필요가 있다고 지적한다; 첫째, 학생들이 자신의 개념을 분명하게 밝히고 검토할 수 있는 기회를 제공해야 한다. 둘째, 학생의 개념과 상반되는 경험적 예를 제시한다. 셋째, 대안개념들을 제시하고 이를 검토한다. 넷째, 과학적 개념을 사용할 기회를 제공한다.

Driver(1985)는 ① 학생들이 자신의 생각을 표현하는 단계, ② 자신의 생각을 재구성하는 단계, ③ 재구성한 생각을 응용하는 단계, ④ 자신의 생각의 변화를 검토하는 단계 등으로 이루어진 학습모형을 제안하였으며, 권재술(1997)은 Hashweh(1988)가 제안하였던 개념변화 모형을 수정하여 인지갈등을 전제로 하여 ① 오개념의 인식단계, ② 갈등 인식단계, ③ 갈등 해소단계, ④ 변화된 개념 인식단계 등으로 인지갈등 요소를 제안하였다.

White & Gunstone(1989)과 박종원(1992) 등은 초인지적 전략이 학생들의 과학개념 형성에 효과적임을 밝히고, ① 학습자의 사전 개념-인지상태의 인식, ② 정보제시에 의한 갈등 상황-갈등의 인식, ③ 갈등해소를 위한 학습활동-과학개념을 이해하는 방법의 선택과 사용 및 점검, ④ 학습자의 새로운 개념-변화된 인지 상태의 인식 등의 요소를 제시하였다.

이상에서 제시된 모형들을 정리해 보면 다음 〈표 2-4〉와 같다.

〈표 2-4〉 개념변화의 교육적 조건

제시자 \ 단계	1단계	2단계	3단계	4단계
Posner 등(1982)	선개념 불만족	대안의 제시	대안의 그럴듯함	대안의 유용성
Hewson(1996)	개념의 이해가능성	개념의 그럴듯함	개념의 유용성	
Macbeth(2000)	선개념의 명확화	상반된 경험의 예 제시	대안개념 제시	과학개념 사용
Driver(1985)	자신의 사고 표현	자신사고의 재구성	재구성 사고의 응용	사고의 변화검토
권재술(1997)	오개념의 인식	갈등의 인식	갈등의 해소	변화된 개념 인식
White & Gunstone(1989) /박종원(1992)	인지상태의 인식	갈등의 인식	갈등해소 학습	변화된 인지상태 인식

그러나 개념변화에 대한 이러한 조건은 개념적 상황에서 학습이 일어날 때를 가정하고 있는 것으로 이는 이전 개념과 그 개념을 대치시킬 새로운 후보 개념은 학습자가 이미 가지고 있던 개념에 의해 이해되고 평가된다는 소위 '개념 생태계'(Toulmin, 1972)를 간과한 것이라 할 수 있다. 즉 학습자가 가지고 있는 비정상적인 사례, 비유, 은유, 인식론적 믿음, 형이상학적 신념, 다른 탐구영역에서 얻은 지식, 경쟁개념의 지식 등으로 구성된 학습자의 개념 생태계는 개념변화를 위한 교육에서 고려해야 할 주요 요인이 된다. 이에 따라 오개념에 대한 개념변화를 통한 사고의 재구성을 위한 수업에서는 다음과 같은 전제조건이 선행되어야 한다(Glynn, et. al., 권성기 · 임청환 역, 2000).

첫째, 수업을 진행하기 전에 오개념의 근원을 탐구할 필요가 있다.

둘째, 개념 생태계를 이용한 설명을 더 확장시킬 필요가 있다.

셋째, 학습자가 자연세계가 합리적이라는 생각을 어떻게 가지게 되는가를 설명할 필요가 있다.

제4장
과학 개념변화에 대한 구성주의적 접근

개념변화 교수법은 유아들의 흥미와 호기심에 맞추어 탐구대상에 대한 질문을 구성하며, 탐구활동의 과정에서 발생하는 질문을 통해 스스로 지식을 구성하도록 지도함으로써 유아들의 탐구능력과 과학적 태도를 증진시키는데 주안점을 두고 있으며, 이를 통해 유아의 잘못된 개념을 새로운 개념으로 변화시킬 수 있는 교수방법이라고 할 수 있다. 이러한 개념변화 교수법은 취지와 내용 그리고 적용방법의 측면에서는 물론이고 주변세계와 능동적으로 상호작용함으로써 지식을 구성하는 유아의 선천적 특성에 비추어 볼 때 과학교육에 있어서 지식습득에 초점을 맞추는 전통적인 교수 방식인 객관주의적 관점보다는 구성주의적 접근이 보다 유용하다고 할 수 있다.

이는 유아가 생활하는 가운데 우연적으로 발생한 학습 상황에서 스스로 지식을 구성하는 존재라고 할 때, 유아의 지식을 구성하게 되는 학습 상황들은 일상 생활 속에서 매 순간 해결하고 있는 물리적, 사회적 세계의 특정한 면을 의미하기도 한다. 특히 과학교육과 관련하여 1980년 대 이후 널리 받아들여지기 시작한 구성주의는 과학교육목표의 설정, 교육과정 내용의 선정과 조직, 과학 교수-학습 방법 및 자료의 개발, 과학교육의 평가 방법 및 도구의 개발, 과학교사 교육 프로그램 개발 등의 폭넓은 영역에서 그 준거와 지침이 되어 왔다(조희영 · 최경희, 2002). 이와 같이 유아들이 과학적 지식을 습득해 가는 과정에 비추어 볼 때, 유아의 과학 오개념의 개념변화를 위한 교육에 있어서 구성주의적 접근은 매우 유용하고 타당한 방법이라 할 수 있다.

구성주의 이론이 유아과학교육에 도입된 것은 Kamii와 DeVries(1978)의 물리적 지식활동을 통해서라고 할 수 있다. 그때까지 유아과학교육은 생물학이 주를 이루었으며 요리활동을 통한 물리, 화학적 변화가 부분적으로 다루어지고 있었다. 물리적 지식활동이 소개되면서 물체의 움직임이나 변화에 관한 활동 또한 유아 단계에서도 적합하다는 인식이 싹트게 되었고 그에 따라 유아과학교육의 영역도 보다 포괄적이 되었다(조부경 외, 2007). 이와 같이 구성주의 이론은 유아과학교육 영역을 확대하였을 뿐만 아니라 다양한 유아과학교육 프로그램 개발의 기초를 마련하였다.

Kamii와 DeVries(1978: 1990)의 '물리적 지식활동'은 지식의 세 가지 유형 중 물리적 지식활동에 기초를 두고 과학의 과정을 강조하고 있다. Forman과 Kuschner(1991) 또한 '구성적 놀이' 프로그램에서 지식의 구성에 초점을 두고 과학의 과정을 유아들이 구체적으로 볼 수 있도록 하는 놀이 중심의 활동을 강조하고 있다. 이들보다 좀 더 포괄적으로 Chaillé와 Britain(2003)은 전통적인 물리학, 화학, 생물학을 어떻게 유아의 발달에 적합한 구성주의 과학교육 프로그램으로 전개해 갈 수 있는지 연구하였다. 이와 같이 구성주의 이론이 유아과학교육 프로그램에 도입됨에 따라 과학교육을 효율적으로 이루기 위하여 교사 중심의 설명 및 지시적 유형의 교수법보다는 유아 주도의 직접적 경험과 자료 탐색을 통해 지식 형성 및 사고를 자극할 수 있는 교수법이 실효를 보게 되었다. 이 장에서는 유아과학교육에 대한 구성주의적 접근을 이해하기 위해 구성주의의 인식론적 관점과 구성주의의 유형 및 유형에 따른 유아과학교육에 대한 관점을 살펴본다.

1. 구성주의의 인식론적 관점

인간이 어떻게 지식을 획득하는가에 대한 오랜 논쟁에 있어서 구성주의는 인식의 주체인 인간이 피동적으로 어떤 새로운 개념을 받아들이는 것이 아니라 주체적인 입장에서 자신의 개념을 재조직해가는 것이 학습의 과정이라고 본다. 이러한 입장에서 지식은 마음속에서 구성된다고 주장한 Piaget를 최초의 구성주의자로 볼 수 있다(Bodner, 1987).

지식이란 관찰이 가능한 사실 또는 사실들 사이의 관계에 한정된다고 여기는 실증주의와는 달리 현대의 인식론과 구성주의는 지식은 인식의 주체에 의해서 구성되며, 가변적이고 잠정적인 특성을 지니게 된다는 입장을 취한다. 현대 인식론의 일반적 견해에 의하면 과학지식은 절대적인 진리가 아니라 언제라도 변화될 수 있는 가설적 속성으로서 자연으로부터 발견된 객관적인 지식이 아니라 과학자들의 주관에 따라 구성된 개념과 체계라는 것이다(오세일, 1994). 구성주의는 이러한 현대 인식론을 받아들여 아동은 자신의 선행 경험, 지식, 기대감 등을 통해서 학습내용을 보고 해석하며 그 의미를 구성한다고 가정한다(Driver, 1985).

이러한 주장을 뒷받침하는 구성주의의 인식론적 관점을 전통적인 인식론과 비교하여 정리해 보면 다음과 같다.

첫째, 구성주의는 지식을 주체 바깥의 세계나 실재에 대해서 있는 그대로의 객관적인 모사로 보지 않는다. 비록 실재 세계가 존재한다고 하더라도 그것은 세계를 바라보고 인식하는 주체에 의하여 해석되기 마련이며, 지식은 이러한 주체적인 해석이나 구성의 산물에 해당한다는 것이다(강인애, 1995; 황윤한, 2003; von Glasersfeld, 1995). 물론 구성주의자 가운데서도 구성의 대상이 되는 실재라는 것을 인정하지 않는 급진적인 입장(Cunningham, 1992; von Glasersfeld, 1995)도 있고, 반면에 공유하는 실재는 있으되 이에 대한 해석의 차이들만이 존재하는 것이라고 보는 입장(Brunner, 1973)도 있다. 또한 구성의 과정은 개인이 주체가 되어 수행하는 것이라고 보는 Piaget 계열의 입장(von Glasersfeld, 1995)도 있고, 구성이 사회 · 문화적인 맥락 내에서 이루어지는 것이라고 보는 Vygotsky 계열의 입장(Egan, 1997; Rogoff, 1990)도 있다. 이처럼 지식이 주체적인 구성의 산물이라고 보는 구성주의 내에서도 구체적인 논의에 있어서는 다양한 의견이 존재한다.

그렇기는 해도, 구성주의 내에서 어떠한 입장을 취하고 있든지 간에, 구성주의자들은 지식을 세계에 대한 있는 그대로의 모사로 규정하는 표상주의의 관점에는 동의하지 않는다. 표상주의에 따르면, 지식은 세계를 있는 그대로 객관적으로 그리는 것으로서 그것의 진위 여부는 지식과 세계와의 대응성을 통하여 판가름된다. 그러나 구성주의자들은 지식의 준거가 되는 세계나 실재라는 것이 존재하지 않거나 존재한다고 하더라도 있는 그대로 알려질 수 없기 때문에 지식의 타당성은 해석이나 구성의 정합성, 간주관성, 또는 생존능력 등에서 구해야 된다고 본다(배영주, 2005).

둘째, 구성주의는 지식이라는 것이 누구에게나 어떠한 상황에서나 타당한 것으로 성립하는 보편성을 지닌다기보다는 상황적이고 맥락적이며 국지적인 성격을 지닌다고 이해한다(황윤한, 2003). 전통적인 인식론에서는 지식을 실재의 대응물로 보며, 실재라는 것은 동서고금을 막론하고 절대적이며 불변적이고 보편적인 것이라 규정한다. 실재가 그러한 성격을 지녀야만 그것은 지식의 진리 여부를 판정하는 척도로서 의미를 지닐 수 있다는 것이다. 따라서 실재의 대응물로서의 지식은 그것이 모사하고 있는 실재가 그러한 것처럼 누구에게나 어떠한 상황에서나 타당한 것으로 성립되는 보편성을 지니는 것으로 상정될 수밖에 없다.

그러나 구성주의는 지식이란 인식의 주체가 구성하는 것, 또는 사회적 존재로서의 주체가 구성하는 것으로서 그것은 주체의 개인적인 경험이나 주체를 둘러싸고 있는 사회나 문화로부터 영향을 받을 수밖에 없다고 본다. 따라서 개인적인 경험의 변화나 사회, 또는 문화의 차이에 따라 한 개인이 구성하는 지식은 물론이고 다양한 개인들이 구성하는 지식들은, 설사 그것이 동일한 대상이나 현상을 겨냥하고 있다고 하더라도 언제나 다를 수밖에 없다는 것이다. 이처럼 차이나 다양성을 강조한다는 점에서 구성주의의 인식론적인 입장은 상대주의적인 경향을 띠고 있다고 볼 수 있다(배영주, 2005).

셋째, 구성주의는 지식이란 추상적인 언어의 형식으로 온전히 표현되는 것이 아니라, 실천 속의 구체적인 앎의 형태로 존재한다고 본다. 전통적인 인식론에서는 실재를 표상하는 매체로서의 언어와 같은 상징을 신뢰한다. 지식이라는 것이 실재를 있는 그대로 표상하는 것이라고 보면, 그 지식을 구체적으로 드러내는 매체인 언어가 지니는 실재의 재현 능력을 신뢰하지 않을 수 없는 것이다.

그러나 구성주의에서는 언어가 실재를 있는 그대로 드러내는 힘을 지닌다고 보지 않는다. 구성주의는 언어가 고정된 불변적 의미를 지니는 것이 아니라, 주체의 경험이나 사회적 상호작용을 통하여 의미를 부여받는 가변적인 것이라고 파악한다(von Galsersfeld, 1995). 따라서 경험이나 사회적 상호작용의 동질성이 보장되지 않는 상황에서는 언어적 소통이 이루어지기 어렵다는 것이다. 오히려 구성주의에서는 앎이라는 것이 언어에 의하여 포착된다기보다는 구체적인 실천의 장면에서 작동한다고 본다. 따라서 구체적인 실천을 통하여 소정의 체험을 공유하지 않는 상황에서는 언어로 표현된 지식이 제대로 이해될 수 없다고 본다.

넷째, 구성주의에서 말하는 지식이란 그것을 구성하는 단편적인 사실이나 정보, 요소적인 지식들의 누적적인 연합이나 산술적인 합이 아니라 요소로는 환원되지 않는 하나의 구조적인 총체이다(Piaget, 1980; von Glasersfeld, 1995). 전통적인 인식론에서는 지식을 그것을 이루고 있는 사실이나 정보 등과 같은 구성요소들로 분석한 다음 이를 계열화하여 하나하나 습득해 나가면 원래의 전체적인 지식에 도달할 수 있다고 생각한다.

그러나 구성주의에서는 전체로서의 지식은 요소적인 지식들의 합을 넘어선다고 본다. 단편적인 사실이나 정보, 지식들에 의미를 부여하면서 이를 하나로 조직하는 틀로서의 구조는 주체가 직접 구성하는 것이다. 이는 요소들의 누적만으로는 생겨나지 않으면서도, 이것이 없을 경우에는 누적된 요소적인 지식들도 의미를 지닐 수 없게 된다. 간혹 사실이나 정보 등은 발견하거나 전달받을 수 있는 것이지 구성되는 것은 아니라는 점을 들어 구성주의에 반론을 제기하는 경우도 있다. 그러나 구성주의에서 말하고자 하는 바는 하나의 구조로서의 지식은 인식의 주체가 당사자가 되어 나름대로의 정합적인 체계로 구성되는 것이라는 점이다(배영주, 2005).

다섯째, 구성주의는 지식이 진리가 되기 위해서 충족시켜야 하는 조건이나, 진리를 판정하는 준거를 해명하는 일보다는 주체가 지식을 구성하는 과정 자체를 드러내는 것이 중요하다고 본다. 전통적으로 인식론은 지식의 성격 또는 본질은 무엇이며, 그것이 어떻게 획득가능한가 하는 문제를 탐구의 주제로 삼아왔다.

구성주의는 무엇보다도 인식론 분야에서 소홀히 다루어 왔던 지식의 획득 과정이나 구성과정을 부각시키고 있다는 점에서 커다란 의의를 지닌다. 이 입장에 있는 학자들이 보기에 지식의 성격이라는 것도 실제 지식이 구성되는 과정 속에서 해명되는 것이지, 지식의 본질이 먼저 밝혀지고 이에 맞도록 지식의 구성 과정이 논리적으로 추론되는 것은 아니다. 물론 지식의 구성이라는 것이 개인이 주체가 되어 이루어지는 개별적인 인지적 과정인가(von Glasersfeld, 1995), 아니면 사회·문화적 맥락 속에서 다른 사람들과 상호작용하는 가운데 이루어지는 과정인가(Rogoff, 1990) 하는 점에서는 구성주의 내에서도 의견의 차이가 있다. 그렇지만 이들은 모두 지식의 구성 과정에서 주목하는 공통된 관점을 공유하고 있다.

여섯째, 구성주의는 주체가 이른바 객관적인 지식에 도달했는가가 아니라, 지식의 구성 과정에서 구성의 능력을 습득할 수 있었는가를 중시한다. 전통적인 인식론에서는 실재를 있는 그대로 표상하는 확실하며 절대적이며 객관적인 지식이 존재하는 것이 가능하다고 믿는다. 따라서 인식활동의 목적은 그러한 절대적이며 객관적인 지식에 도달하는 데에 있다.

반면에 구성주의에서는 절대적인 지식의 가능성을 인정하지 않는다. 대신 다양한 지식의 구성과 그러한 구성의 타당성을 추구할 뿐이다. 이처럼 지식의 가변성을 인정하는 구성주의에서는 주체가 나름대로 지식을 구성한다고 할 때, 구성된 결과로서의 지식보다는 그 지식을 구성하는 능력의 습득과 신장에 인식활동의 목적을 두게 된다. 고정된 지식이 있을 수 없는 현대에 있어서 중요한 것은 결과에의 도달 여부가 아니라 스스로 지식을 구성할 수 있는 능력에 있다는 것이다(배영주, 2005).

2. 구성주의의 유형

구성주의는 그 개념 자체가 가지는 본질적인 속성과도 같이 구성주의라는 하나의 개념으로 표현하고는 있지만 그 속에서도 매우 다양한 주장과 관점이 혼재하고 있는 것이 사실이다. 그럼에도 불구하고 앞 절에서 살펴 본 바와 같이 구성주의는 지식 구성에 있어서 공통적으로 학습자의 능동성과 주체성을 강조하고 있음을 알 수 있다. 그러나 지식 구성의 방법에 있어서는 크게 Piaget로 대표되는 인지적 구성주의(cognitive constructivism)와 Vygotsky로 대표되는 사회적 구성주의(social constructivism)의 두 유형으로 대별해 볼 수 있다.

이것은 상호작용의 주체를 어디에 두느냐에 따라 구분되는 것으로서, 이러한 구분의 준거는 개인의 인지발달에 영향을 미치는 사회적 상호작용에 얼마나 중점을 두느냐에 따른다. 사회적 상호작용이란 사회의 주체인 개인과 개인의 상호작용을 의미하는 것이며, 주체와 주체간의 상호작용보다는 주체와 객체간의 상호작용을 중시하는 Piaget이론을 사회적 상호작용이 아니라, 단순히 상호작용 이론 혹은 인지적 상호작용이론이라 칭한다.

따라서 유아교육의 분야에서 구성주의적 접근의 골격은 Piaget의 이론에서 출발하여 그의 이론을 수정 · 보완한 Post-Piagetian(신피아제)학파와 Vygotsky의 이론에 근거하여 이루어졌다. 이러한 두 양상은 대별되는 것이라고 보기보다는 각 이론에서 그 강조하는 바가 다르다는 관점을 가지고, 두 이론을 상충되는 것으로 이해하기보다는 서로 보완하는 입장으로 구성주의를 이해하는 것이 바람직할 것이다(이기현 · 황윤세, 1999). 여기에서 구성주의의 두 유형을 개관하고 유아과학교육에 대한 관점을 살펴본다.

1) 인지적 구성주의

인지적 구성주의는 Piaget의 이론에 기초하고 있다. Piaget(1980)는 유아가 경험을 통해 자신의 지식을 구성하고 성립하게 되며, 이러한 경험은 유아들의 머리 속에 정신적인 모형 즉 쉐마(schemas)를 형성하게 되고, 동화와 조절의 과정을 통하여 이전의 사물에 대한 도식이 변화되고 확장되며 좀 더 정밀하게 형성되어 가는 것이라고 보고 있다.

다시 말하면, 인지적 구성주의 관점에서는 지식이란 각 개인이 경험을 통해 자신만의 방법으로 구성되는 것이다. Piaget(1980)의 이론에 의하면, 인지의 발달은 영아로부터 성인에 이르기까지 지속적으로 이루어지고 일정 기간에 나타나는 개인의 과제 수행 능력은 단계에 따라 일관성이 있으며, 이것이 곧 발달 단계를 형성한다. Piaget는 인간이 태어나서 성인이 되기까지 거치는 주요 발달단계를 감각 운동기, 전조작기, 구체적 조작기, 형식적 조작기의 4단계로 구분하였으며 이들 각 단계마다 인간은 저마다 독특한 사고 구조를 가지고 세상을 이해한다고 하였다. 인지적 구성주의의 경우 특정 부분에 관계없이 보편적인 구속 능력이나 사고 구조가 있음을 강조하였으며, 유아의 일반적인 사고 단계를 뛰어넘는 과제는 유아에게 아무런 갈등을 유발하지 않아 어떠한 개념의 구성을 기대할 수 없으므로 교육은 철저히 유아의 인지발달 수준을 고려하여 이를 바탕으로 이루어져야 한다.

따라서 인지적 구성주의에 기초해서 이루어지는 교육에서는 유아 스스로가 자신의 경험을 통해서 지식을 구성할 수 있는 기회를 주어야 한다. 유아에게 직접적으로 특정 기술을 가르치는 것보다는 의미 있는 맥락에서 학습이 이루어질 수 있도록 하는 것이 중요하다. 인지적 구성주의에서 강조하는 교사의 역할은 유아의 자발적인 탐색을 위한 풍부한 환경을 제공하는 일이다. 유아들이 마음껏 탐색할 수 있고 흥미를 충족시켜 줄 수 있는 상황에서 유아들은 자신의 지식을 능동적으로 구성할 기회를 갖게 되는 것이다(곽향림, 2002).

과학교육에 대해서 인지적 구성주의는 유아 스스로 구성할 수 있도록 이끌어 주는 과학교육을 중요시하며 과학의 내용보다 과정을 중시하고 개별 유아의 사고 과정에서 지식의 구성이 내적으로 유도된다고 본다. 이에 따라 유아들이 자기 스스로 교실이나 일상생활에서 만나는 사물이나 현상과의 상호작용을 통해 개념을 발견하게 되는 것이 교수의 목적이 된다.

따라서 인지적 구성주의의 유아과학교육의 목적은 유아가 탐구와 실험 및 토의를 통해 스스로 의미를 구성해 가는 것으로 보며 단순히 물체를 만져 보거나 주어진 절차를 따르는 것이 아니라 실험에 참여하는 유아의 사고 작용이 병행되어야 하며 그 수준 이상의 것은 의미가 없다. 인지 발달의 단계별 진보는 보편적이며 예측 가능하다고 보아 선정된 과학적 개념이 학습자의 발달 수준에 적합한지 결정하는 가장 중요한 기초로 활용된다. 유아 개인의 사전 경험이나 과학적 맥락, 주변 상황이나 개인적인 흥미도 유아들이 배울 수 있고 배워야 할 것을 결정하는 인지적 수준보다 우위에 둘 수 없다. 교수 방법으로는 유아들이 직접 활동할 수 있는 지지적인 분위기를 조성해 주고 관찰자와 촉진자의 역할을 하도록 한다. 예를 들어, 물리적 지식활동에서 유아들이 물리적 세계에서 직접 물체를 밀고 당기거나 굴리고 부는 등 물체에 행위를 가하고 그 반응을 관찰하는 과정을 중요시 하는데, 이때 교사는 유아들의 놀이 활동을 도와주고 이끌어 주는 소극적인 개입을 한다.

2) 사회적 구성주의

사회적 구성주의는 유아의 학습에 대한 가정에 있어서 인지적 구성주의와 많은 부분에서 공통적이기는 하지만 학습의 사회적 상호작용에 더 많은 강조를 두고 있다. 그러나 1960년대 이후 소개된 Vygotsky 이론은 학습에 있어서 교사, 또래보다 나이가 많은 유아 그리고 좀 더 많은 경험으로 유능한 유아들의 역할을 중요시 한다.

Vygotsky의 근접발달지대(the zone of proximal development)의 개념에 의하면, 유아들은 이들 교사나 나이 많은 유아들의 도움으로 혼자서는 이해할 수 없는 개념이나 생각들을 이해할 수 있게 된다는 것이다. Vygotsky의 이론은 인지적 구성주의에 비해 적극적인 교사의 개입을 좀 더 허용한다. 그에 의하면 문화란 유아의 발달을 위해 요구되는 인지적인 도구를 제공하며, 부모나 교사와 같은 어른들은 언어를 포함하여 역사와 사회적 환경 등의 문화를 아동에게 전달하고 제공해 주는 매개체가 된다(김억환 · 박은혜 역, 2005).

이에 따라 사회적 구성주의에서 강조하는 교사의 역할은 유아가 탐색하고 발견하는 것을 지켜보는 것만이 아니라, 사회의 다른 친구들과 또래들처럼 유아의 인지적인 성장과 학습을 촉진시키는 것이다. 교사는 유아가 문제에 접근할 때 안내하고 그들로 하여금 집단 속에서 활동하고 문제에 대해 생각하고 질문을 하도록 격려해야 한다. 유아의 흥미에 따른 도전과 모험 그리고 문제에 직면했을 때 교사는 격려와 충고로 지원하여야 한다.

지식 구성의 관점에서 보면 사회적 구성주의는 기본적으로 지식이 인간의 내부에서 끊임없이 구성되어 간다는 점에서는 인지적 구성주의와 같은 관점을 취하지만, 각 개인을 둘러싸고 있는 사회문화적 요인이 지식 구성에 미치는 영향력을 보다 부각시킨다는 측면에서 입장 차이를 보인다. Vygotsky는 개념에 따라서 어떠한 것은 유아의 자발성을 중심으로 발달해 가는 반면 그 반대로 성인이나 외적인 영향력을 중심으로 발달해 가는 것도 있다고 보았다. 즉, 자발적 개념의 경우 유아들이 일상적인 경험을 통하여 스스로 생각함으로써 자연스럽게 터득되지만 과학적인 개념은 그 반대 방향으로 발달된다는 것이다(김지현, 1998).

과학교육에 있어서 사회적 구성주의에서는 과학의 과정뿐 아니라 내용도 중요시한다. 논리 · 수학적인 구조만을 강조하지 않고 유아들이 각자 관심을 가지고 있는 특정 영역의 세부 지식의 가치를 인정한다. 유아들이 관심 분야의 세부 지식을 축적해 가면 그 부분의 학습을 쉽게 할 수 있고, 그것이 학습의 구속능력으로 작용하게 된다. 이에 따라 교사는 유아들이 관심을 갖는 과학 영역이나 주제를 선정해야 하는데, 여러 영역에 대한 초보적인 지식을 갖게 하는 것은 바람직하지 않고 유아 개개인이 관심 있는 세부 영역에 대한 지식을 심도 있게 쌓아 갈 수 있게 하는 것이 중요하다. 또한 문제를 해결해 가는 과정이나 절차만을 중요시할 것이 아니라 습득한 세부적인 지식을 토대로 융통성 있게 문제를 풀어 갈 수 있도록 하는 것에 초점을 둔다.

요약하면, 사회적 구성주의에서는 일상적 개념이 작용하는 부분이나 개인적 관심이 높은 부분에 대해서는 일찍 과학교육이 가능하므로, 이를 과학교육의 내용으로 선정하며 확장시켜 주는 것이 중요하다고 본다. 유아가 특별히 관심을 가지는 대상이나 사건이 있다면 이를 중심으로 다소 추상적으로 보일 수 있는 과학적 지식을 확장해 가도록 하는 것이 필요하다는 것이다. 인지적 구성주의에 비해 성인의 보다 적극적인 역할을 중요시하며 교사가 유아에게 이미 정해진 지식을 직접 가르치는 것은 바람직하지 못하지만 유아의 지식 구성 과정을 도와주기 위하여 비계로서의 역할과 같은 적극적인 활동을 해야 하며 인지적 상호작용이 일어날 수 있도록 상황을 만들어 주고 상호작용이 원활하게 이루어지지 않은 경우 적극적으로 개입하여야 한다.

최근에는 Piaget와 Vygotsky에 대한 비교 논의가 사회적 구성주의에 대한 논의와 함께 두 입장 사이의 유사점을 이해하는 데 관심이 증가하는 쪽으로 이루어지고 있다. 그 동안의 두 입장간의 논쟁에 있어서 표준적 견해는 Piaget는 개별 아동이 그 행위를 통해 세상에 관한 지식을 형성함으로써 발달이 이루어진다고 보는 반면, Vygotsky는 인간 발달의 사회적 기원을 역설한다는 것이다. 두 이론은 서로에게 환원할 수는 없지만, 그들이 서로 관련되지 않거나 양립할 수 있는 것은 아니다. Vygotsky는 이론적으로는 발달의 사회적, 개인적 측면을 모두 설명하였지만 사회적 차원에 더 초점을 둠으로써 Piaget에 비해 개인적 영역의 발전에 소홀한 점이 있고, 반면 Piaget는 인지의 사회적 차원을 불가피한 것으로 여겼지만 대체로 사회적 차원은 소홀히 했으며 사회 환경을 다루더라도 발달 과정 그 차제의 특성으로서보다는 개인 발달에 영향을 미치는 요인으로 다루었다. 이 때문에 Piaget와 Vygotsky를 단순히 Piaget는 생물학적 개인주의자로 Vygotsky를 사회문화적 집합주의자로만 받아들이는 경향이 있지만, 이것은 두 이론을 이해하는 데 오해의 소지가 많은 부분이기도 하다. Piaget를 연구한 Smith(1995)에 의하면, 원칙적으로 Piaget는 지식의 구성에서 개인과 사회가 둘 다 중요하다고 말한 부분이 적지 않음을 밝히고 있다(류성림, 1999).

이상에서 살펴 본 인지적 구성주의와 사회적 구성주의의 이론을 몇 가지 준거에 의해 비교해 보면 다음 〈표 4-1〉과 같다.

〈표 4-1〉 교수-학습에 대한 인지적 구성주의와 사회적 구성주의 이론의 관점

구분	구성주의 관점	
	인지적 구성주의	사회적 구성주의
교수	사고활동 및 학습의 도전성 자극	지식의 공동구성
학습	능동적 구성과 기존 지식의 재구성 활동	사회적 정의된 지식과 가치의 협력적인 구성활동
	기존 지식과 새로운 지식을 연결하는 다양한 과정과 기회를 통해 발생	사회적으로 구성된 기회를 통해 발생
	타인이나 환경과의 상호작용을 통해 발생	타인이나 환경과의 상호작용을 통해 발생
교사 역할	다양한 지식근원 중의 하나	전문능력을 지닌 객체, 지식의 한 근원
	교실 수업의 촉진자 혹은 안내자	교실 수업의 촉진자 혹은 안내자, 공동 참여자
학습자 역할	개인 내부의 인지작용을 통한 능동적인 구성	타인과 자신과의 능동적 구성
	지식의 근원, 지식의 구성자	지식의 근원, 공동 구성자

3. 유아과학교육에 대한 구성주의적 접근

구성주의 인식론에서 두 가지 핵심원리를 든다면 하나는 유아가 능동적으로 지식을 구성해 나간다는 사실이며, 다른 하나는 유아가 무엇인가를 알아간다는 것은 이 세상에 대한 적응과정이라는 사실이다. 즉 자기 경험에 의해 얻어진 자료들을 개인의 이론적 틀을 이용하여 해석하고 그 의미를 구성해 간다는 것이다(Duit, 1995).

따라서 구성주의 유아교육은 교사가 임의로 선정한 내용 지향적인 제목이나 주제로부터가 아니라 유아 자신의 사고과정으로부터 도출되어야 한다. 또한 유아는 능동적으로 의문을 품는 타고난 과학자로 간주되기 때문에 구성주의 교수모형은 실험을 고무해야 한다. 이렇게 될 때 유아들로 하여금 다양한 아이디어와 가설을 만들어내고 검증하게 하면서 이론 정립을 적극적으로 후원하는 환경을 만들어 줄 수 있다(Chaillé and Britain, 2003).

과학교육에 대한 구성주의적인 접근은 유아가 주변 세계와 상호작용하는 과정에서 어떻게 사고하느냐에 최우선적인 초점을 맞추어야 한다. 그리고 유아들이 환경과 상호작용할 수 있도록 교사는 학습 활동, 교육 자료, 환경 등 모든 것을 어떻게 제공할 것인가를 고려하여야 한다. 유아의 상호작용은 유아를 둘러싼 환경에 의해서 상당 부분이 결정된다. 따라서 어떻게 학습활동을 제시하고, 교육 자료를 선정하여 소개하며 교육 환경을 구성해야 하는지를 파악하기 위해서는 먼저 구성되어질 지식의 본질을 주의 깊게 고려해 보아야 할 필요가 있다(Chaillé & Britain, 2003).

구성주의는 1990년대 이후 교수-학습방법의 두드러진 변화의 하나로 학습자의 능동적인 사고과정을 인식하고 격려하는 방법(안부금, 2002; Chaillé & Britain, 2003)으로써, 유아교육의 이론과 실제의 측면에서 구성주의적 교수방법에 대한 논의가 활발하게 진행되고 있다.

구성주의의 관점에 따르면, 지식이란 세상에 객관적으로 존재하는 것이 아니라 유아가 주변 세계에 대해 관찰하고 탐구함으로써 주관적으로 구축하는 것이다. 따라서 지식습득이란 교사에 의해 주도될 수 없으며 유아 개개인이 경험을 통하여 의미를 파악하고 구성하는 것이라고 가정한다(한은숙, 2002).

또한, 구성주의의 관점은 학습자가 직접적 관찰이나 반성적 사고, 논리적 사고에 의해 지식을 구성하고, 자신의 학습에 대해 주도적인 역할을 하고, 주어진 맥락에서 스스로 지식을 구성하여 학습에 대한 책임을 진다(강인애, 1997)는 것이다. 이는 오늘날 다양화, 개방화와 더불어 급변하는 사회에서 폭발적으로 증가하는 지식의 양에 대응하기 위해서는, 교사가 이미 밝혀진 객관화된 지식을 아동에게 주입하거나 전수하면 아동은 수동적으로 그것을 받아들이는 전통적인 교수방법만으로는 한계가 있기 때문에 일반적인 교육에서는 물론 탐구와 실험이 요구되는 과학교육에서 그 필요성이 더욱 요청된다고 할 수 있다.

최근에 초·중등 교육에서는 물론이고 유아교육에서도 구성주의적 접근에 의한 과학교육에 대한 관심이 고조되고 그 효과에 대한 공감대가 넓어지고 있으며, 유아과학교육에서 특정 주제에 대한 구성주의적 접근에 의한 과학교육의 효과를 분석한 연구들(박혜원, 2008; 김은희 · 김선영, 2007; 유윤영, 2007; 곽향림, 2004; 채희준 · 이종희, 2004; 유경숙, 2000)에 의해 구성주의 과학교육의 효과가 입증되고 있다.

과학교육은 모든 전통적인 교육과정 영역의 기초가 되며, 매우 광범위한 의미로서의 과학은 모든 지식 구성의 기초가 된다. 최근의 과학교육에 있어서는 구성주의 이론에 바탕을 두고 개념의 획득이나 개념체계의 변화를 학습으로 보고, 그것을 이론적 배경으로 하여 과학교육 과정의 구성, 교수-학습 지도 방법 및 교육 자료의 개발 전략 등이 이루어지고 있다(문종철 · 이기종, 1990).

학습자가 나타내는 오개념의 개념변화와 관련한 과학교육에서의 오개념에 관한 연구는 구성주의의 맥락에서 중요한 연구과제가 되어 오고 있다(Appleton, 1989; Chaille & Britain, 1997; Howe, 1993; Ledbetter, 1993). 특히 과학교육과 관련하여 구성주의는 과학교육목표의 설정, 교육과정 내용의 선정과 조직, 과학 교수-학습 방법 및 자료의 개발, 과학교육의 평가 방법 및 도구의 개발, 과학교사 교육 프로그램 개발 등의 폭넓은 영역에서 그 준거와 지침이 되어 왔다(조희영 · 최경희, 2002).

유아의 과학 학습과정에 대한 구성주의의 관점에 따르면, 유아들은 자연현상과의 개인적인 상호작용 그리고 성인 또는 동료 학생들과의 사회적 상호작용을 통하여 그들 자신의 지식을 구성해 나간다. 그 결과로 유아들은 과학을 학교에서 정식으로 배우기 이전에 물리세계가 어떻게 작동하는가에 대한 신념을 지니게 된다(송진웅, 2003). 즉, 과학적 '지식'은 교사의 사고에서나 학생의 사고에서나 개인적인 구성물인 것이다(Needham & Hill, 1987). 학생들은 다양한 학습활동을 하게 될 때 그리고 자신의 생각에 대해 반추할 기회가 주어졌을 때 그들은 의도된 학습의 결과를 향하여 자신의 생각들을 수정할 수 있는 것이다.

이러한 의미에서 학습자의 탐구정신과 과학적 접근방식을 자극하고 격려하는 방법으로서 구성주의적 접근법은, 학습자의 개념 구성을 스스로가 그들 내에 이미 존재하는 개념을 기초로 하여 지식을 능동적으로 구성하는 과정이라고 보고, 아동이 자신이 가진 과학 오개념을 반추하고 그에 대한 개념변화를 이끌어 내는 것 또한 아동 스스로 이루어내야 하는 것으로 보면서 아동의 능동성을 강조한다.

특히 유아는 주로 감각을 통한 관찰에 의존하여 사고하는 특성이 있으므로 교사주도적인 실험이나 언어 의존적인 교육방법을 적용한다면 올바른 개념형성이 어려울 수 있으며, 오히려 지적 자율성을 해치는(Kamii & DeVries, 1992) 부정적인 결과가 초래될 수 있다. 이에 따라 유아의 능동성을 존중하고 스스로 지식을 창출하는 것을 돕는 구성주의적 교수는 유아의 자율성을 신장하면서 동시에 과학 개념변화를 유도해 내는 데 유용하다고 할 수 있다.

앞 절에서 살펴 본 인지적 구성주의와 사회적 구성주의는 모두 구성주의라는 기본 틀 안에 존재하기 때문에, 각 입장에 따라 세부적인 차이가 존재하지만 공통적인 부분이 많다. 이들 공통점을 바탕으로 구성주의 이론이 유아과학교육에 주는 시사점을 정리해 보면 다음과 같다(조부경 외, 2007; 황의명 · 조형숙, 2006; Martin, 1997).

첫째, 유아과학교육의 목적은 단순히 과학적 사실을 주입시키는 것이 아니라 유아가 능동적으로 과학적 지식을 구성해 가도록 하는 데에 초점을 두어야 한다. 즉 학습이란 정보의 기록이나 전달에 의해 일어나는 것이 아니라 학습자의 능동적인 정보의 해석에 의해 지식을 구성하는 과정이어야 한다. 예를 들어 과학 활동을 하고자 할 때 과학의 지식, 기능, 태도를 유아가 능동적인 학습에 의해 구성할 수 있도록 학습 환경을 조성해 주는 것이 중요하다. 과학교육에서 성인의 역할은 지식의 전달보다는 지식의 구성이 진행되고 있는 동안 적절한 정보와 전략을 제공하면서 유아의 능동적 학습을 활발하게 자극하여 유아가 알고자 하는 지식을 얻을 수 있는 방향을 제시해 주어야 한다.

둘째, 유아에게 직접 만져 볼 수 있는 활동을 주는 것이 중요하다. 그러나 단순히 물체를 만져 보고 조작해 보는 그 자체만으로는 과학적 사고가 발달하기에 충분하지 않으며, 유아 자신이 물체를 만지는 그 자체에만 머물지 말고 지식의 구성을 위해 적극적으로 참여할 수 있어야 한다. 행위 자체가 사고와 연결되어 확장되지 않는다면 과학교육에서의 의미를 갖지 못하며 유아과학교육에서 중요한 것은 신체적 활동과 물체와의 조작행위를 정신활동의 중요 부분으로 전이될 수 있도록 하는 것이다.

셋째, 학습 경험을 다양화해야 한다. 학습이란 경험에 대한 개인적인 해석이며, 기존 지식에 의존하기 때문에 과학 지식의 형성과정을 학습자의 경험, 일반적인 학습전략, 특정 영역에서의 선수지식, 메타 인지적 능력, 적성, 동기 등에 따라 개인차를 보이게 된다. 그러므로 유아의 개인차를 극복하기 위해 수준별 학습 등을 통하여 학습과제와 학습방법을 다양화해야 한다.

넷째, 학습을 실제 관련 상황과 연계시켜야 한다. 지식은 지적, 물리적, 사회적 맥락에 의존하기 때문에 학습은 실제 관련 상황에서 연습하고 습득되는 것이 바람직하다. 따라서 학습자들이 이미 습득한 다양한 지식을 새롭게 당면한 문제와 연관시킴으로써 실제적 상황 속에서 적합한 이해가 이루어지도록 해야 한다.

다섯째, 유아들 간의 협동학습을 강화해야 한다. 실제 과학기술과 사회문제 해결은 독자적이기보다는 협동적인 과정에 의해 이루어지기 때문에 과학학습에서도 협동적 학습이 강조되어야 한다. 각 개인에 따라 주관적으로 구성된 과학지식도 타인들과의 상호작용을 통해서 그 타당성이 검증되어 지식으로 생명력을 가지게 되기 때문에 사회적 상호과정이 수반된 협동학습이 효과적이다.

마지막으로 유아의 과학적 사고의 발달을 위하여 교사는 유아가 인지적 갈등을 일으키도록 끊임없이 개입해야 하며, 지식의 '구성'이라는 측면에서 교사는 유아의 과학적 지식이 끊임없이 심화, 확장되도록 도와주어야 한다. 교사의 개입은 언어적인 것만을 의미하지 않으며 과학교육에 있어 다양한 분야의 과학적 지식을 폭 넓게 접하게 하는 것도 중요하지만, 개별 유아의 관심에 따라 그 지식을 깊이 있게 확장시켜 끊임없이 상위의 개념으로 구성해 갈 수 있도록 해야 할 것이다.

이와 같이 구성주의 이론은 유아과학교육의 내용의 폭을 넓혀 주었을 뿐 아니라 유아에게 적합한 과학개념이 무엇인가에 대한 사고의 변화를 가져오게 하였고, 과학적 탐구과정과 태도의 중요성을 부각시켜 주고 있다.

제5장

유아 과학 개념변화 교수모형

앞 장에서 살펴 본 바와 같이 구성주의의 다양한 관점들은 지식 구성에서 학습자의 능동성과 주체성을 강조하는 것에는 공통적이지만 지식 구성의 방법에 있어서는 크게 Piaget로 대표되는 인지적 구성주의와 Vygotsky로 대표되는 사회적 구성주의로 대별된다.

먼저, 인지적 구성주의는 유아가 새로운 환경에 적응하는 것은 자신이 현재 지니고 있는 개념적 수준에서 어떠한 난관에 봉착했을 때 이에 대처하기 위한 사고작용의 과정에서 유아가 모순을 느끼게 되고, 이 모순은 평형화된 구조를 구성하는 데 있어 중요한 요소가 되며 아울러 개념변화를 할 수 있게 하는 동기를 부여한다(Schattgen, 1997)고 본다.

이 접근에서 유아는 그들의 주변 세계에 대한 일상적인 경험을 통하여 의미를 구성 및 재구성해 나가므로 교실현장의 교사는 진단자로서 학습자의 수업 전 개념의 사전 진단 과정을 통해 유아가 가지고 있는 오개념의 특징과 함께 현재의 이해상태에 친숙해져야 한다. 그리하여 학습자의 오개념을 과학적 관점으로 대체하는 개념변화가 일어나도록 그들이 가진 기존개념에 대한 불만과 갈등을 야기하도록 해야 한다.

한편, 사회적 구성주의에서는 과학에 있어서 유아의 개념적 지식은 우선 개인이 구성한 것이 존재하며 그것이 사회적으로 공표된다고 본다. 사회적 구성주의에서는 학습과정은 사회적 상황 속에서 발생한다고 보는데, 공동체 내에서 구성원들 간의 의미교섭을 통하여 도출되고 합의된 이해, 즉 공유된 지식체를 만들어 나가는 것이라고 본다(허인숙, 2001). 이에 따라 교사의 지도 및 지지와 또래들 간의 토론, 반례와 논박에 의한 계속적인 수정을 통해 보다 객관적이고 보편적인 지식으로 만들어 나가면서 주관적 지식은 객관적인 지식으로 바뀌어가고, 아울러 그것이 다음의 주관적인 지식 구성의 바탕이 된다는 것이다. 즉, 유아는 교사 및 또래 학습자들과 상호 협상과정을 통해 학습자의 사전 개념, 즉 오개념이나 원래의 매우 제한된 개념의 이해와 의미가 교정되거나 개발 및 확장된다는 것이다.

개념형성에 있어서 구성주의의 대표적인 이 두 이론의 차이점을 살펴보면, 인지적 구성주의는 먼저 개인적인 내적 구성이 선행된 뒤에 다른 사람과의 사회적 상호작용을 통해 탈중심화가 일어난다고 보는 반면에 사회적 구성주의는 다른 사람과의 사회적 상호작용, 즉 언어적 의사소통을 통해 개념형성이 일어난다고 주장한다. 이는 아동발달에 있어서 두 가지 차원인 심리적 차원과 사회적 차원 중에서 어느 것이 선행하고 어느 것이 후행하는 가의 차이라고 할 수 있다. 이러한 관점의 차이는 학습자의 오개념 형성의 과정은 물론이고 개념변화를 위한 교수모형 개발에 있어서도 다른 방안을 제시할 수 있을 것이다.

1. 유아의 과학개념 형성 과정

유아과학교육에 있어서 유아의 현재 능력에 비해 지나치게 난이도가 높은 개념을 전달하려 하거나 반대로 단순 놀이에 머무르는 과제가 제시된다면 유아는 쉽게 그 과제에 대해 흥미를 잃어버릴 수 있다. 따라서 과학교육을 성공적으로 실시하기 위해서는 유아들의 과학개념 형성 과정을 이해하고 그들의 현재 과학개념 수준이 어떠한지를 정확히 파악하는 것은 매우 중요하다.

앞에서 살펴 본 바와 같이 유아들은 교육기관에서 형식적 교육을 받기 이전에 일상생활의 경험을 통해 이미 어떤 물체의 현상이나 사건에 대해 자기 나름대로의 논리에 의한 개념이나 아이디어를 습득하게 된다. 이렇게 형성된 지식은 개인마다 다를 수 있고, 또한 각각의 유아가 구성한 개념들이 과학적 지식과 일치하지 않을 수도 있다.

유아는 아래의 〈그림 5-1〉과 같이 환경과의 능동적인 상호작용을 통하여 개념체계(인지구조 I)을 구성하며, 이 개념 체계는 과학적 개념일수도 있고 과학적 개념이 아닐 수 있다. 이는 새로운 학습 상황에서 새로운 정보가 주어지면 이에 대한 인지적 과정 즉, 사고과정을 거쳐서 기존의 인지구조가 강화되거나 변화되어 새로운 개념체계(인지구조II)를 형성하게 된다는 것이다(권재술 외, 2003). 이러한 과정을 도식화하면 다음 〈그림 5-1〉과 같다.

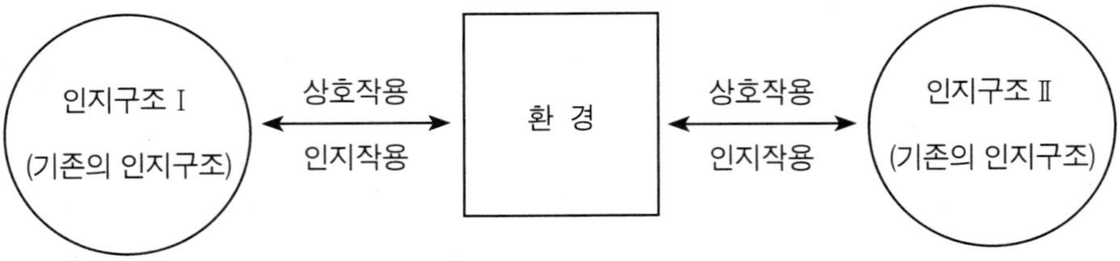

〈그림 5-1〉 과학개념 형성 과정

이러한 과정을 통해서 유아들은 과학적 개념을 형성하게 되는데, 유아들이 형성하고 있는 과학개념의 일반적 특징을 제시하면 다음과 같다(Driver & Kohlberg, 1987).

첫째, 유아들은 문제 상황의 관찰 가능한 속성에 추리의 바탕을 둔다.

둘째, 유아들은 현상의 전반적인 면을 고려하기보다는 한정된 측면만을 지각하고 그 중에서도 현저하게 보이는 특징에만 그들의 관심을 집중한다.

셋째, 유아들은 안정적이고 고정된 상황보다는 변화되는 현상에 관심을 집중한다. 다시 말해 한 체계의 평형 상태보다는 일시적인 상태에 초점을 맞추려는 경향으로 시간이 지남에 따라 변화되는 과정 즉, 변화된 체계들 간의 관계를 가정함으로써 그 체계 사이의 관계를 인과율적으로 설명하려는 경향을 말한다.

넷째, 유아들은 자연의 변화를 설명할 때 그들의 추리는 선형의 인과율적 순서 서열에 따른다. 따라서 그들은 일련의 효과를 낳는 원인을 시간에 따른 순서에 집착하기 때문에 상호작용 과정에서 나타나는 대칭성을 이해하는 데 어려움을 갖게 된다.

다섯째, 유아가 가지고 있는 관념들 중에서 어떤 것을 과학자들이 이해하고 있는 개념에 비하여 덜 분화되어 있지만 그 의미는 훨씬 광범위하다. 여기에서 유아의 과학개념이 더 광범위하다는 말은 유아가 상황에 따라서 어떤 한 의미를 다른 의미로 혼동하여 사용하기도 한다는 것이다.

여섯째, 유아의 개념은 상황에 따라 다르게 적용되는 경향이 있다. 그러므로 그들의 기본적 개념은 과학자의 개념과 다르지만 주어진 현상을 과학자들과 마찬가지로 해석하는 경우도 나타난다.

이러한 특성을 가진 유아의 과학개념은 유아가 자신의 경험을 설명하기 위해 구성한 설명 체계일 뿐 자연으로부터 발견된 과학적 법칙은 아니다. 이러한 과학개념은 과학자의 지식과는 다른 비 과학자적 개념 즉, 오개념의 특성을 가지고 있다. 유아들은 아주 어렸을 때부터 또는 유아교육기관에서 과학교육을 받기 전까지 여러 가지의 주제에 관하여 자신만의 독특한 개념을 갖고 있고 이러한 유아의 개념은 과학자의 개념과 다르나 그들 자신이 이해할 수 있고 자신에게 유용한 견해이며 교사들이 기대하지 못했던 다른 과학개념으로 발달하는 특징이 있다(Wittrock, 1994).

유아들이 형성하고 있는 과학개념은 과학 교육자들에 따라 여러 가지 용어로 불리고 있는데, 이는 유아의 과학개념을 보는 관점이 다름에서 비롯된 것으로 구체적으로 살펴보면 다음과 같다.

첫째, 선개념(preconception)이라는 견해이다. 이와 같은 견해는 유아는 형식적인 과학교육을 받기 이전부터 주변 세계와 일상적 경험을 통해 여러 가지 사물의 특성과 과학적 현상에 대해 선개념을 형성하고 있다는 것이다(Ausubel, 1968).

둘째, 오개념(misconception)이라는 견해이다. 오개념이란 유아들의 과학활동 전 개념으로 과학자의 입장에서 볼 때 잘못된 것이며, 올바른 과학적 견해에 의해 제거되어야 할 개념이라고 본다.

셋째, 대안적 개념 구조(alternative frameworks) 또는 견해라는 입장이다. 이는 오개념에 담겨진 부정적 의미에 반대하고 이에 대해 대안적인 용어로 제시된 것이다. 이 용어는 유아들이 가지고 있는 개념이나 개념 세계가 과학자들의 지식 체계와 다르지만 유아들에게는 정합적인 지식 체계로서 그들이 자연을 보고 해석하며 학습 내용을 받아들이는 기본 관점이 된다는 입장이다(조희형 · 최경희, 2002). 다시 말해, 유아들의 견해를 단순히 잘못된 것으로 간주해서는 안 되며 그 자체가 권리를 갖는 것으로 대개의 일상생활에서 사용되고 있는 개념으로 봐야 한다는 것이다.

넷째, 유아 개념(children's conception) 또는 유아 과학(children's science)이라는 용어이다. 이는 대안적 체계(alternative framework)의 집합적 의미로 유아 개념의 가치를 인정하는 의미가 담겨져 있다. 이는 심리학자 Kelly(1977)의 'man-the scientist'에 의거하여 유아들의 정신 구조는 과학자와 같으나 그 발달의 정도가 낮다고 보는 견해이다.

이와 같이 보는 관점에 따라 여러 가지 용어로 사용되고 있는 유아의 과학 개념은 크게 세 가지로 분류할 수 있는데 첫째, 과학자의 지식과 일치되는 올바른 과학자적 개념, 둘째, 과학자적 개념에서 벗어나지는 않으나 미분화되고 덜 구체적인 개념과 셋째, 현재 과학 사회가 인정하는 개념이나 과학자의 지식과 근본적으로 다를 수 있는 비 과학자적 개념 즉, 오개념이다. 유아의 과학개념은 과학 학습에 영향을 줄 뿐만 아니라 학습에 의해 그들 특유의 체계로 발달시켜 나가기 때문에 이후의 관련 학습에도 영향을 주게 된다.

2. 과학 오개념 교정의 필요성

자연현상이나 사물에 대한 유아기에 형성된 과학 오개념은 비록 과학적으로 타당하지 않더라도 상당히 오랫동안 지속되며, 학습에 의해 쉽게 과학적 개념으로 변화되지는 않는다는 것은 많은 선행연구들(Kamii & DeVries, 1992; 권성기 · 임청환 역, 2000; 최정렬, 2003)에 의해 확인되었다. 그럼에도 불구하고 유아기에 형성된 오개념은 이후의 학습에도 부정적인 영향을 미칠 수 있기 때문에 교육을 통하여 반드시 교정할 필요가 있다.

이에 따라 Ausubel(1968)이 학생들이 가지고 있는 선개념(preconceptions)이 학습에 끼치는 영향을 지적한 이래 과학교육자들에 의해 학생들의 과학개념에 대한 많은 실증적 연구가 이루어졌다. 특히 학생의 과학 오개념에 대한 연구는 아마도 과학교육이 태동한 이래로 가장 폭넓고 종합적으로 연구된 분야이며, 연구자료 또한 가장 많이 축적된 분야이기도 하다(송진웅, 2003). 또한 실제로 학생의 과학 오개념에 대한 연구는 지금까지의 그 어떤 교육 및 심리이론보다 과학의 교수-학습 활동에 대한 구체적이고 상세한 정보를 제공해주고 있다. 이와 관련하여 학생의 과학 오개념에 대한 연구는 국내외에서 지속적으로 수행되어 왔으며, 학생의 개념변화 방안에 대한 많은 연구들이 이루어지고 있다.

최근의 유아과학교육은 유아교육의 일반 원리와 마찬가지로 유아의 흥미에 기초한 생활중심 과학교육을 강조하고 있으며, 따라서 유아의 생활에 밀접하고, 연령과 발달에 적합하며, 직접적인 조작과 관찰이 가능한 현상들을 과학교육의 주제로 삼는다(신은수 외, 1999). 그러나 유아가 자연 현상에 대해 가질 수 있는 의문들은 항상 생활과 직결되거나 감각으로 관찰 가능한 현상에만 한정되어있는 것은 아니다. 유아들은 일상생활에서 경험하기 어려운 과학적 개념, 그리고 관찰이 어려운 자연 현상 등 다양한 현상에 대해서도 호기심을 표현하거나 의문을 제기하기도 한다. 뿐만 아니라, 유아과학교육에 보편적으로 포함되는 주제인 날씨, 계절 등과 관련된 현상이라도 눈으로 확인하기 쉬운 것이 있는가 하면, 너무 멀리 있거나, 지나치게 작거나, 형체나 색깔이 뚜렷하지 않거나, 변화 과정이 너무 느리다는 등의 원인으로 감각적인 관찰이 어려운 경우도 있다(채희준 · 이종희, 2004).

선행연구에 따르면 지식의 성격에 따라 차이는 있지만 한번 각인된 오개념은 상당히 견고하며 지속적(stability, persistence)이라는 것이다. 특히 학습할 개념이 선개념과 양립 불가능할 때 선개념은 다음과 같은 특성을 지닌다(오원근, 2003).

- 고집스러움 : 수업을 통하여 잘 변화되지 않는다.
- 일관됨 : 동일한 학생이 다른 시간, 다른 상황에서 동일하게 표출
- 지속됨 : 다른 연령과 학령에 걸쳐서 나타남
- 동질적임 : 다른 학생들에게서 동일하게 표현됨
- 반복적임 : 역사적으로 다른 시대에 걸쳐 나타남
- 체계적임 : 오개념이 파편화 되지 않고 구조화된 일관성을 보일 때

유아가 이미 획득한 개념은 이와 같은 특성을 지니고 있기 때문에 짧은 기간 동안 한두 번의 과학 학습과정을 통해서는 쉽사리 과학적 개념으로 대체되거나 변화되지 않는다. 유아가 가지고 있는 오개념을 바로 잡기 위해서는 유아에게 인지적 모순을 일으키게 함과 동시에 그들이 충분히 이해할 수 있을 만한 과학적 개념을 제시해야만 한다. 따라서 올바른 과학적 개념 형성을 위한 과학 교육이 되기 위해서 유아가 가지고 있는 과학개념에 관심을 기울이고, 만약 유아가 형성하고 있는 선개념이 과학적 개념과 배치된다면 개념변화 교수를 통해 이를 교정해 주는 것은 필수적이라고 할 수 있다.

3. 과학 개념변화 교수의 모형

1) 개념변화 교수법의 특징

Martin(1997)은 과학학습이란 기존에 가지고 있던 개인적 이론을 구성하고 재구성하는 과정이라고 본다. 학습자가 이미 가지고 있는 선개념에 대해서 개념변화 교수에 의해 학습자의 행동과 과학내용의 지식을 변화시키려면 기존의 인지구조와는 다른 새로운 인지구조가 필요하다는 신념을 지녀야 한다.

개념변화란 학생이 자신의 현존하는 지식을 사용하여 새로운 정보를 의미 있게 만드는 과정이며 이는 구성주의 관점에서 볼 때 학습이다(Hewson, 1996). 즉, 새 개념을 통해 기존의 개념을 재구성함으로써 또는 기존개념을 새 개념으로 교환함으로써, 자신들의 개념을 변화시켜 가는 과정이 학습이라는 것이다. 이러한 개념변화는 인간이 새로운 환경에 적응하고자 할 때, 자신이 현재 지니고 있는 개념적 수준에서 어떠한 난관에 봉착하게 되면 이에 대처하기 위해 일어나는 사고의 현상이다. 이때 학습자는 자신이 이미 가지고 있는 오래된 생각을 고수할 것인가, 아니면 새로운 생각으로 바꿀 것인가를 결정해야 한다(곽향림, 2002).

이상과 같은 개념변화를 위한 교수 요인들에 의한 개념변화 과정을 정리하면 다음 〈그림 5-2〉와 같다.

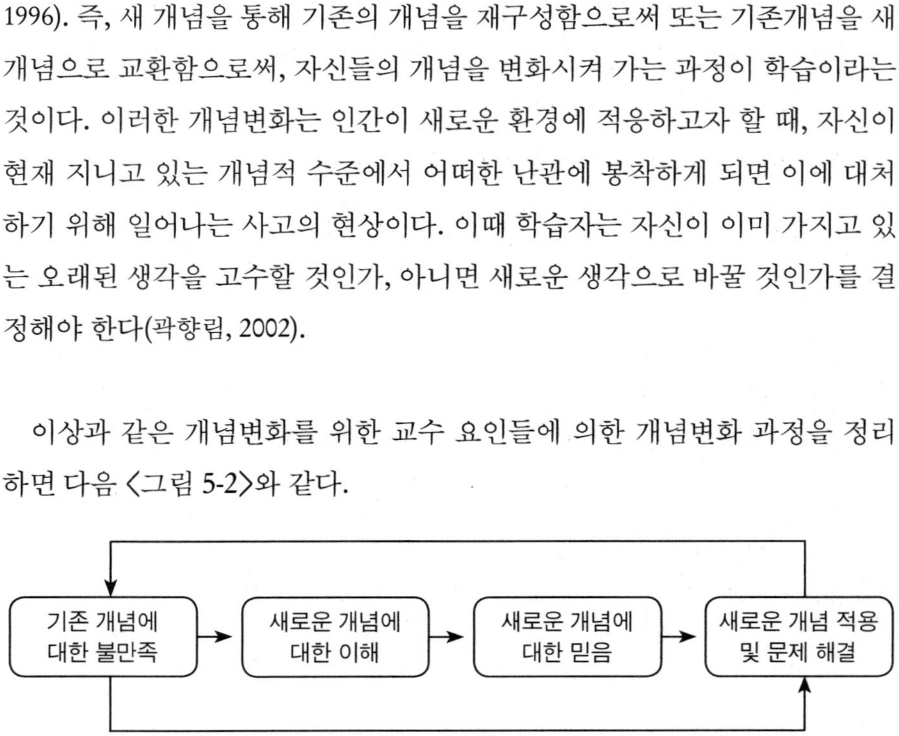

〈그림 5-2〉 개념변화의 과정

2) 개념변화 교수모형의 개관

학습자들이 이미 배운 것 중에서 잘못 이해하고 있거나 부족한 부분이 있다면 교육을 통해 교정해 주거나 보충해 줄 필요가 있다. 그러나 단순한 설명의 나열이나 보여주고 말하기(show and tell) 방법만으로는 학습자들의 오개념이나 잘못된 신념을 교정하는데 한계가 있다. 따라서 학습자의 신념체계에 도달하지 않고 외적 행동을 변화시키려고 시도하는 즉, 잘못된 기존 개념을 변화시키려는 과학교육은 성공하기는 어렵다. 따라서 전통적인 과학교육 프로그램들은 대개 아동의 태도(신념)를 변화시키는데 부족하다고 할 수 있으며, 이에 따라 많은 과학교육 연구자들은 과학교수에 개념변화 교육의 사용을 권고하고 있다. 이러한 이유로 최근에 이르기까지 많은 과학교육 연구자들이 과학교육을 위한 새로운 시도로서 개념변화 교수법을 제시하고 있다. 여기에서 지금까지 개발된 개념변화 교수모형을 개관하면 다음과 같다.

(1) Stofflett와 Stoddart의 개념변화 교수단계 모형

Stofflett와 Stoddart(1994)는 개념변화 교수단계를 사전활동 단계, 탐구조사 단계, 토론 단계, 재탐구 단계 그리고 적용 단계로 구성한 모형을 제안하였다. 이 모형은 Posner(1982) 등에 의해 서술된 과학적 개념의 적응에 필요한 4가지 조건들로 전개된다. 이러한 조건들은 기존개념에 대한 불만족, 새로운 개념에 대한 이해, 새로운 개념에 대한 믿음(개념의 일관성과 신뢰성), 새로운 개념 적용 및 문제 해결을 통한 유용성 형성에 기초하여 유아의 특성에 맞추어 유아기에 적합한 단계로 재구성 한 것이라고 할 수 있다. Stofflett와 Stoddart의 개념변화 교수모형은 다음 〈그림 5-3〉과 같다.

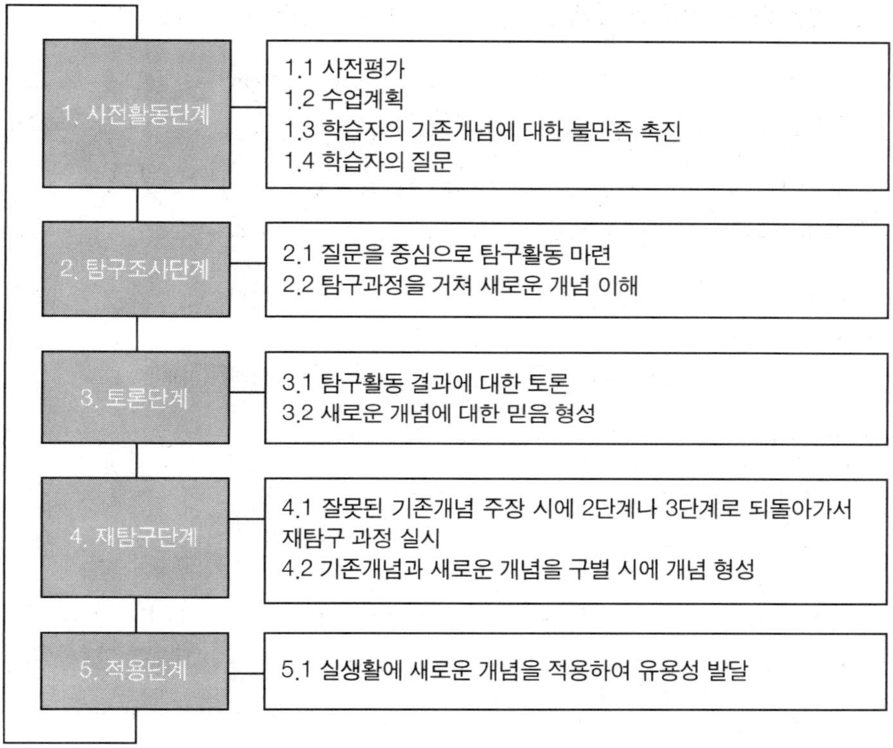

〈그림 5-3〉 Stofflett와 Stoddart의 개념변화 교수모형

(2) Gilbert, Osborne, Fensham의 개념변화 과정

Gilbert, Osborne, Fensham(1982)은 교수학습에 의해서 학생들이 나타내는 개념 변화과정을 〈그림 5-4〉와 같이 다섯 가지 유형으로 구분하였다. 이 모형에서는 과학 교수학습 과정을 통하여 아동의 과학적 개념의 변화 과정을 보여주고 있다. 〈그림 5-4〉에서 Sch는 아동의 과학개념 상태로 과학수업 이전에 아동이 일상생활을 통하여 가지고 있는 견해를 의미하며, Ss는 과학자의 과학으로 현재의 과학자들이 가지고 있는 견해를 의미한다. 또한 St는 교사의 과학으로 과학 교육과정과 수업 계획을 통하여 교사가 가지게 되는 견

해를 의미한다. 다섯 개의 학습자 유형에 대해 설명하면 다음과 같다.

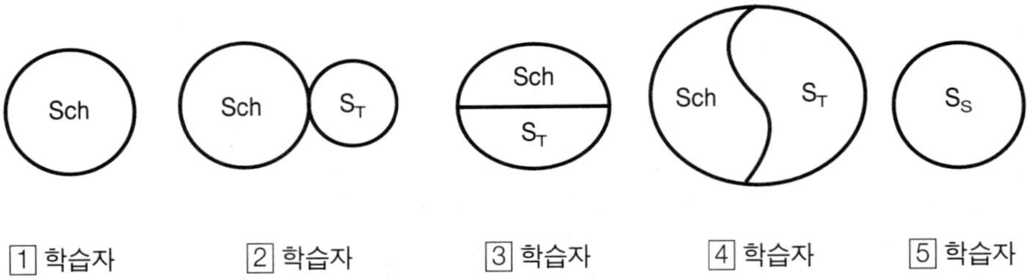

〈그림 5-4〉 Gilbert, Osborne, Fensham의 개념변화 과정모형

1 학습자는 과학 교수학습에도 불구하고 학생이 교사의 과학을 전혀 받아들이지 않고 자신의 개념을 그대로 사용하는 경우이다.

2 학습자는 과학 교수학습 이후에 두 개의 개념이 공존하여 학생이 시험이나 교사의 질문에는 교사의 과학개념을 사용하지만 실제의 현상을 설명하는데 있어서는 원래 자신이 가지고 있는 개념이 더 유용하다고 느끼므로 여전히 자신의 개념을 사용하는 경우이다.

3 학습자는 학생의 개념이 과학 교수학습으로 인해 바뀌지 않고 오히려 새로 학습한 과학적 개념이 학생의 개념을 뒷받침해 주는 경우이다. 학생들은 자기 나름의 직관적인 개념 체계를 가지고 수업에서 배운 새로운 개념들을 이해하기 때문에 어떤 경우에는 배운 개념들을 직관적인 사고에 동화시켜서 직관적 사고가 강화되는 경우가 있다.

4 학습자는 수업에서 제공된 과학적 개념들의 연관성이 복잡한 경우에는 개념의 일부만이 학습될 수 있다. 그 결과 학생들은 개념을 통합시키지 못하여 상황에 따라 혼동되는 개념을 가지게 된다.

5 학습자는 과학 교수학습 결과 통합된 과학적 개념을 갖는 경우로서 이상적인 과학수업이 이루어지는 경우이다.

(3) Pines와 West의 개념변화 모형

Pines와 West(1986)는 개념변화에 있어서 갈등 상황의 중요성을 강조하면서 네 가지의 개념변화 모형을 〈그림 5-5〉와 같이 제시하였다. 그는 지식을 자발적 지식(spontaneous knowledge)과 형식적 지식(formal knowledge)으로 구분하였는데 자발적 지식은 학습 전에 학생들이 선행 경험을 통해 가지고 있는 비형식적 지식을, 형식적 지식은 과학자에 의해 인정되고 학교에서 수업을 통하여 가르치고자 하는 지식을 의미하고 있다.

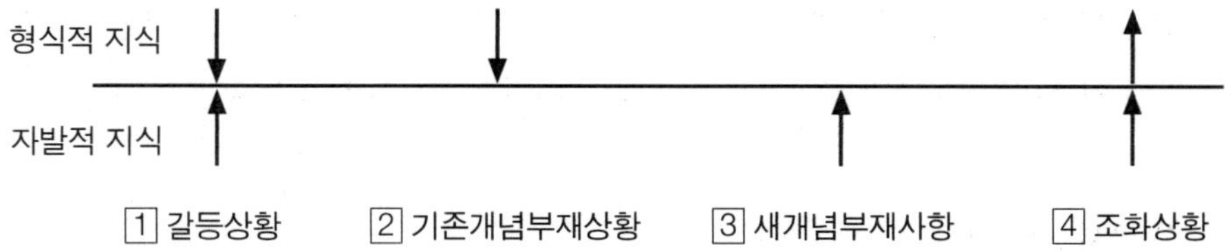

〈그림 5-5〉 Pines와 West의 개념변화 모형

1 은 갈등상황(conflict situation)으로써 Pines(1986)는 이러한 갈등 상황을 중요시 하고 있는데 학생들이 이미 가지고 있는 자발적 지식과 교수학습에서 교사가 제시한 형식적 지식이 일치하지 않을 경우 두 가지 종류의 지식 간에 충돌이 있게 되고 학생은 갈등을 일으키게 된다. 이 경우 학생들은 갈등을 해소하기 위해서 형식적 지식과 자발적 지식을 분리하여 간직하려는 성향이 강해진다. 그러나 형식적 지식으로 변화시키거나 자발적 지식으로 그대로 남는 경우도 있다.

[2] 는 기존 개념 부재 상황(formal-symbolic/zero-spontaneous situation)으로써 자발적 지식이 없어서 외부에서 제시되는 개념을 분석, 평가할 수 있는 대안이 되는 개념을 가지고 있지 않은 상황에서 형식적 지식이 제시되는 경우이다.

[3] 은 새 개념 부재 상황(sponteous/uninstructed situation)으로써 경험을 통하여 획득한 지식이 잘 구축되어 있으나 학교에서의 수업과 같은 외적 자극이 없는 상태이다.

[4] 는 조화 상황(congruent situation)으로써 자발적 지식과 형식적 지식이 상충되지 않고 상보적인 경우로 형식적 지식이 학생들에게 잘 통합된다. 그렇다고 학생들이 오인을 갖지 않는다는 의미를 아니고 가지고 있는 신념과 새로운 지식이 잘 통합되어 존재하는 개념이 강화된다는 의미이다(오세일, 1994).

(4) 인지갈등 모형

Hashweh(1988)는 Piaget가 말한 인지구조와 환경과의 갈등 외에도 인지구조와 인지구조 사이의 갈등관계를 부각시켰다. Hashweh의 인지갈등 모형은 Piaget가 분명치 않았던 두 유형의 인지적 갈등을 구분하였다는 점에서 의미가 있다고 볼 수 있다(권재술, 1992). Hashweh의 모형은 다음 <그림 5-6>과 같다.

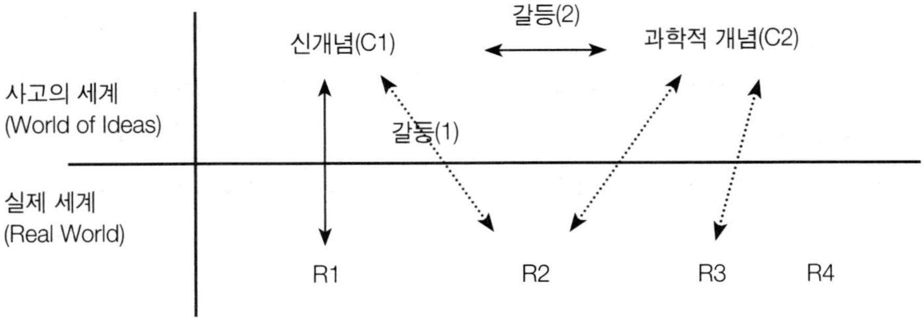

〈그림 5-6〉 Hashweh의 인지갈등 모형

그림에서 C1 이라는 선개념은 R1 이라는 특정한 세계와 성공적으로 상호작용한다. 한편 C1은 새로운 세계인 R2를 설명하는데 적당치 않다. 이런 경우 Piaget 이론에서의 인지적 비평형에 해당하게 되고 갈등 (1)이라 부른다. 한편, 오랫동안 어떤 사실에 대해서 선개념을 가지고 있던 사람이 새로운 과학개념을 받아들이게 되는 경우 기존의 선개념과 새로운 과학 개념 사이의 인지적 갈등이 예상되는데 이를 갈등 (2)라 한다. 이러한 2가지 유형의 갈등상태의 태도를 C1이 C2의 특별한 경우이며, C1이 설명 가능한 영역이 제한적임을 밝혀 주는 구별과정(process of demarcation)을 통해서 가능하게 된다(권재술, 1992).

권재술(1989)은 Hashweh의 입장을 수용하면서 다음과 같은 세 가지 인지적 갈등 상황을 제시하고 이를 통한 수업 절차 모형을 〈그림 5-7〉과 같이 제시하였다. Hashweh는 갈등(Ⅰ)과 갈등(Ⅲ)을 구별하였으며 권재술은 여기에 갈등(Ⅱ)를 추가하였다. 〈그림 5-7〉에서 R1은 C1에 의해서 무리 없이 설명될 수 있는 현상이다.

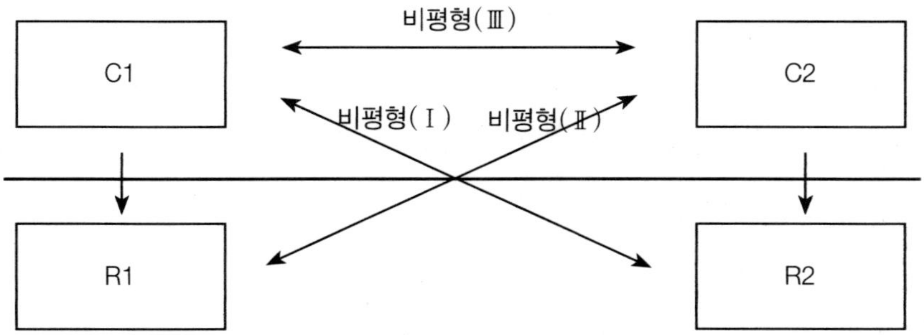

〈그림 5-7〉 권재술의 인지 갈등 모형

그러나, R2를 C1에 의해서 설명하고자 할 때 그렇게 쉽게 설명되지 않는다. 이러한 상태를 지적인 비평형(Ⅰ)이라고 한다. 비평형(Ⅱ)는 C2가 C1보다 높은 차원의 개념 또는 C2가 C1을 포함하고 있는 개념일 때에는 비평형(Ⅱ)는 자동적으로 해소되기 때문에 존재 가치가 별로 없으나 그것은 인지구조 C2가 어떤 성격이냐에 따라 옳을 수도 있고 옳지 않을 수도 있다. 여기에서 권재술은 비평형(Ⅱ)도 오개념의 극복에서 매우 중요한 인지과정으로 설정하였다.

비평형(Ⅲ)은 학습자의 머리 속에 들어있는 인지구조 C1과 C2 사이의 갈등 단계이다. 즉, 두 가지 상반된 인지구조를 한 사람이 가지고 있다는 의미이다. 권재술(1989)은 R을 자연 현상이라 지칭하면서 실제 자원 현상뿐만 아니라 '교과서에 있는 내용이나 교사가 강의하고 있는 내용 등 학습자가 배워야 할 내용'도 포함된다고 주장하고 있다. 즉, R1이나 R2는 자연 현상을 포함하여 학습자의 인지구조 밖에 있는 일체의 유형적, 무형적, 심리학적 환경을 의미한다.

(5) 과학학습의 절차모형

Needham과 Hill(1987)은 과학학습의 절차모형으로 다음과 같은 구성주의 관점에 따른 학습의 단계와 목표 모형을 제시하였다. Needham과 Hill의 모형은 다음 〈그림 5-8〉과 같다.

단계	목적
Ⅰ. 도입	흥미유발
Ⅱ. 선개념 이끌어 내기	학습자의 선개념 인식
Ⅲ. 생각의 재구성	과학적 생각으로 변화 즉, 자신의 생각을 수정 또는 확장하며 과학적 생각으로 변화
(1) 명료화	자신의 생각을 인식 대안적 생각을 인식
(2) 갈등상황	자신의 생각과 대안적 생각을 비교, 비판
(3) 새로운 생각의 구성	자신의 생각을 수정, 새로운 생각으로 변화
(4) 평가	새롭게 구성된 생각의 타당성 검증
Ⅳ. 새로운 생각의 적용	새롭게 구성된 생각을 새로운 상황에 적용
Ⅴ. 변화된 생각의 인식	자신의 변화된 개념을 인식 변화된 생각의 정도를 반성

〈그림 5-8〉 Needham과 Hill의 과학학습의 절차모형

이 절차 모형은 도입, 선개념 이끌어 내기, 생각의 재구성, 새로운 생각의 적용 그리고 변화된 생각의 인식 등의 다섯 개의 단계로 구성되어 있다. 그중에서 3단계 생각의 재구성 단계를 명료화, 갈등상황, 새로운 생각의 구성 그리고 평가의 네 단계로 다시 세분화하여 개념변화를 위한 사고과정에서 인지적 갈등을 핵심적인 절차로 부각시키고 있다.

한편, 박종원(1992)은 Needham과 Hill의 수업 절차 모형을 수용하면서 좀 단순화시켜 개념 변화에 관한 절차 모형을 〈그림 5-9〉와 같이 제시하고 있

다. 이 절차 모형에서는 수업 전략인 인지활동(초인지)을 부각시키고 있다.

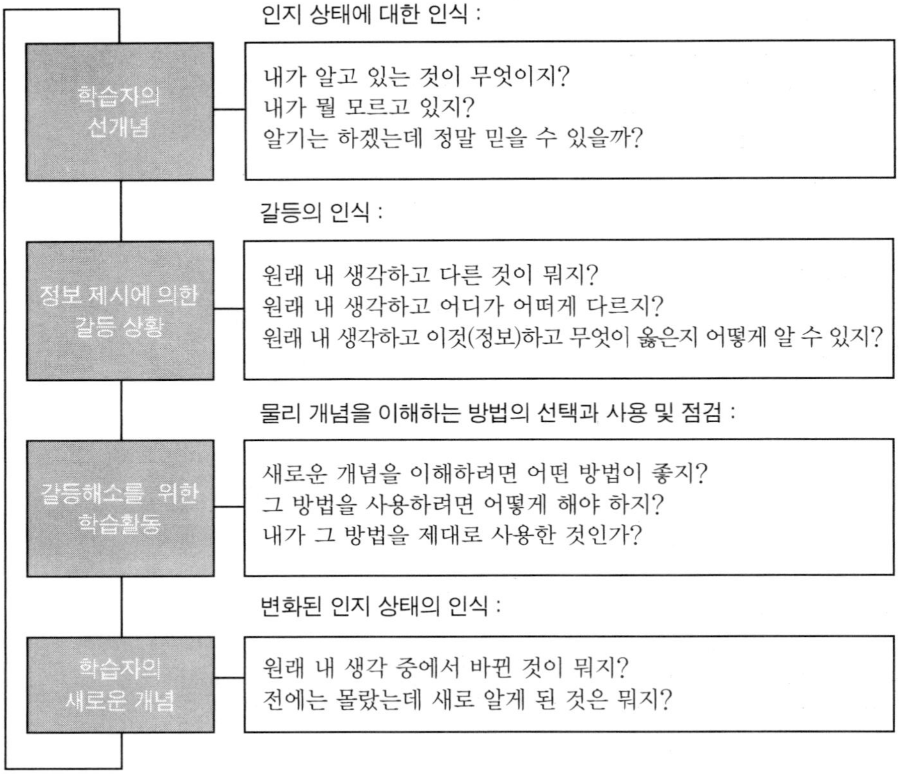

〈그림 5-9〉 개념변화 절차 모형

(6) Wittrock의 발생학습 모형

Wittrock(1994)은 발생학습 이론에 기초하여 학생들이 지니고 있는 개념을 명료화하도록 하고, 이러한 개념들이 당대의 과학적 개념으로 바뀌어 지도록 하며, 과학적 개념을 더욱 견고히 할 수 있도록 하는 4단계 교수 모형을 제시하였다.

가) 예비단계(The Preliminary Phase)

교사는 과학 현상에 대한 학생들의 전형적 생각과 학급에서 지배적인 생각을 알고, 과학자들의 생각과 과학사적인 개념을 이해하고 있어야 하며, 과학 현상을 설명하려는 교사 자신의 생각도 알고 있어야 한다. 이때 학생들에게 과학 현상에 대한 자신들의 선입관을 나타내도록 한다.

나) 초점단계(The Focus Phase)

이 단계는 학생들의 주의를 특정 과학 현상에 집중시켜 그 현상에 관한 학생들의 선입관을 나타내도록 함으로써, 학생들이 지닌 선입관을 밝혀내려는 단계이다. 교사는 학생들이 스스로 자신들의 선입관을 밝혀내도록 동기 유발을 시키고, 선입관을 찾아내려는 학생들의 활동을 도와준다. 이 단계의 목적은, 학습에는 학생 자신들이 책임을 져야 한다는 것을 학생들에게 인식시킴으로써, 학생들이 특정 과학 현상에 관한 자신들의 선입관을 명확하게 인식하도록 하는 데 있다.

다) 도전단계(The Challenge Phase)

이 단계는 학생들의 생각을 분단 또는 학급 전체에 나타내도록 하여 다른 생각을 지닌 학생들과 토론을 시키는 과정이다. 이 때 학생들은 다른 학생들의 생각에서 장점 및 단점을 파악하며, 교사는 적절한 시기를 이용하여 과학자들의 견해를 학생들의 지적 수준에 맞는 말을 사용하여 학생들에게 제시한다. 이 단계는 많은 시간을 필요로 하며 학습 내용을 취급하는 시기이며, 교사의 지도와 안내는 학습 결과에 결정적 영향을 미친다.

라) 응용단계(The Application Phase)

이 단계는 문제해결 과정에서 학습한 과학 지식이 요구되는 문제들을 다루는 시기이다. 여기에서 학생들은 문제해결 능력을 키우고 학습한 과학 지식을 강화한다. 이 때 교사는 학습한 과학 지식으로 해결할 수 있는 간단한 문제들을 제시하여 학생들이 문제 해결 과정에 참여하도록 한다. 또, 점점 강도가 높은 문제들을 차례로 제시하여 학생들의 문제해결력을 향상시킨다. 이 단계의 마무리 부분에서 교사는 다시 한 번 더 학생들의 개념 상태를 진단하고, 학생들이 학습한 새 개념을 이용하여 과학현상을 이해하도록 격려하여 학생들의 반사적 사고 능력을 향상시킨다.

(7) 순환학습 모형

순환학습 모형은 SCIS(Science Curriculum Improvement Study)그룹의 카풀러스에 의하여 초등학교 수준에서 과학의 기본 개념 학습 및 인지발달을 촉진시키기 위하여 도입한 학습 모형으로 학생 스스로 구체적인 경험을 통해서 개념을 획득하고, 과학의 과정에 필요한 탐구기능을 습득하고, 사고력의 신장을 돕기 위한 탐구 지향적 학습 모형이다. 순환학습은 피아제의 인지 발달 이론에 기초를 두고, 탐구 단계에서의 간단한 실험을 통하여 학생 스스로 새로운 개념을 발견할 수 있도록 유도함으로써, 학생들의 탐구능력 신장에 크게 기여하고 있다.

순환학습은 과학 교과와 매우 밀접한 관계를 맺는 수업과정에 대한 이론으로 피아제의 자율조절기능이론과 밀접한 체계성을 가지고 있다. 특히, 로슨은 학습자가 자기의 생각대로 실시하여 보고, 자기가 왜 그렇게 생각하였는지 다른 사람과 토론하고, 그 의미가 무엇이며 처음 자기 생각과 같은지 다른지 적극 토론하는 등의 능동적인 학습 경험이 학생들의 사고 발달과 깊은 관계가 있다고 주장하였다. 이와 같은 로슨의 주장을 뒷받침하는 이론이 피아제의 지적발달에서 자율조절 기능이다. 즉, 인간의 사고발달은 외부의 압력보다는 지능구조의 내재적 자율조절 기능에 의해 스스로 이루어지고 성장하고 발달한다는 것이다(김남일, 이소영, 배진호, 2001).

이미 알려진 개념의 확인, 검증, 실험이 대부분인 전통적인 학습 방법과는 달리 순환학습은 새로운 개념의 도입 역할을 강조한다. 특히, 탐구단계에서 관찰, 실험을 통하여 학생 스스로 새로운 개념을 발견할 수 있도록 유도함으로써 탐구능력 신장에 기여할 뿐 아니라 올바른 과학적 개념을 획득하기 위한 학습 모형이다.

순환학습은 새로운 사고 유형을 더 정립하는데 학습자의 적극적인 내적 정신과정-자율조정 기능이 필요하다는 인식론 입장에 바탕을 두고 있다. 자율조정 기능이란 학생들이 환경에 대한 되먹임 과정에 연류되는 것으로서 문제 상태를 분석하고 잠정적인 해결 방법을 구하고 그 효율성을 평가한 다음 원하는 결과가 나오지 않았을 때 새로운 접근법을 구사하는 과정이다.

학습자가 인지적 갈등을 느끼게 되었을 때, 학생들이 직접 경험할 수 있는 학습 활동이 제공됨으로써 새로운 지식을 동화하게 하고 동화 이전에 알고 있는 지식과 동화 후 알게 된 지식 사이에 조정이 이루어지면서 평형상태에 이르게 된다. 또한 학습자는 새로운 지식을 조절하고 새로운 지식은 학습자가 지니고 있는 다른 지식과 조직화되는 과정을 거쳐서 자연현상에 대한 개념을 스스로 형성하게 된다. 순환학습 모형은 구체적인 조작활동을 통하여 자율조절 기능을 자극하여 스스로 문제를 능동적으로 해결할 수 있는 과학적 사고력의 신장을 돕기 위한 탐구 지향적 수업 모형으로 탐색 단계, 개념도입 단계, 개념적용 단계로 이루어져 있다. 순환학습 모형은 다음 〈그림 5-10〉과 같다.

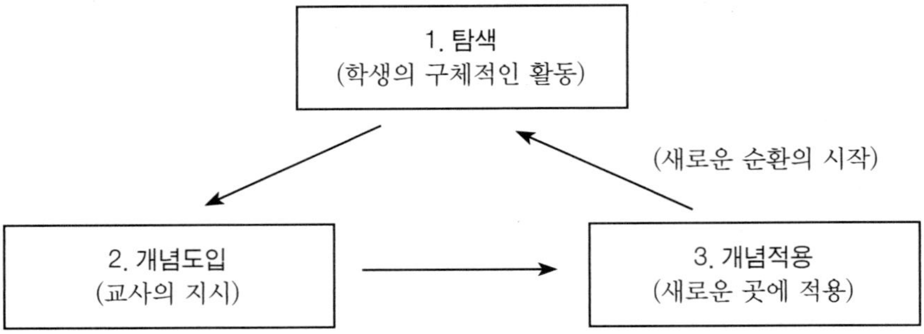

〈그림 5-10〉 순환학습 모형

각 단계에 대해 보다 구체적으로 살펴보면, 먼저 탐색(exploration) 단계는 학습자에게 직접 경험을 충분히 주는 단계로서 교사는 학생들의 선개념을 토의하도록 유도하여 그 개념이 잘못임을 스스로 깨달을 수 있도록 길을 제공하고 또한 인지갈등을 해결하도록 다양하고 구체적인 자료를 이용하여 직접 학생들이 친근감 있게 경험할 수 있는 학습활동을 제공해야 한다. 그러나 이 단계에서는 그 경험을 분석하거나 이해하는데 교사가 학생들에게 어떠한 도움도 주지 않으며 단지 원자료나 그 자료로부터 얻어지는 직관이 이 단계의 유일한 목적이다.

제기되는 새로운 문제 상황에 학생 스스로 행동과 반응을 통하여 자연현상에 대한 규칙적인 패턴을 발견하는 단계로서 가장 중요한 단계이다. 학생들은 자신이 가지고 있는 기존의 개념들 또는 사고 양식으로 문제를 해결할 수 없는 새로운 경험에 대하여 의문점을 가진다. 이 상태가 비평형 상태에 해당되며, 이 때 학생들은 인지적 갈등을 일으키게 된다.

교사는 학생이 지니고 있던 선개념들이 토의되도록 유도하여 학생들이 지녔던 개념들이 잘못되었음을 학생 스스로 깨달을 기회를 제공하여야 한다. 또한 교사는 인지적 갈등을 해결하기 위해 다양한 자료와 구체적 사물들을 이용하여 직접 학생들이 친근감 있게 경험할 수 있는 학습 활동을 제공할 필요가 있다. 이러한 인지적 갈등을 통한 해결과정에서 학생들 스스로 자율적 조정 기능 즉, 평형화 과정을 통해 새로운 자연 현상에 대한 규칙적인 패턴을 발견하여 개념을 스스로 획득한다(김남일 · 이소영 · 배진호, 2001).

개념도입(concept introduction; invention) 단계는 학습자가 경험한 사물이나 사건들 사이에 어떤 관계를 결정하게 하는 단계이다. 교사는 이 단계에서 사고의 안내를 위해 경험을 순서화하는 방법을 제안한다. 즉, 학습자가 새로운 사고 형태를 그들의 경험에 적용할 수 있도록 새로운 개념이 도입된다. 개념의 도입은 교사뿐만 아니라 교과서, 필름, 또는 다른 매체에 의해서도 이루어질 수 있다. 이 단계에서 과학적 개념이 자연스럽게 도입될 수 있으며, 이 과정을 거치면서 학습자는 어떤 지적 구조를 만들게 되어 개념에 대한 새로운 이해나 인지 갈등을 통한 평형을 촉진시키도록 한다.

탐구단계에서 발견된 패턴과 관련 있는 개념, 원리들을 도입하는 단계로 학생 스스로 경험한 사고 유형을 정리 해석하도록 유도하며, 교사나 교과서 또는 다른 매개체에 의해서 설명될 수 있다. 학생들은 탐구단계에서 느꼈던 인지적 갈등이 새로운 개념과 원리도입에 의해서 해소되므로 인지구조와 외부 자극과의 새로운 평형 상태가 생성되는 시기이다. 따라서 이 단계는 탐구단계의 마지막 정리 단계로 볼 수 있다.

개념적용(concept application; discovery) 단계는 내면화 과정을 포함하는 과정에 더 많은 활동이 주어진다. 이 단계에서 학습자는 자신이 지닌 개념화된 지식이나 사고 형태를 다른 상황에 적용하게 되며, 검증도 하게 된다. 이 단계가 없으면, 새로운 개념의 의미를 그 개념이 도입된 활동에서 이용된 특수한 때에만 적용되는 것으로 한정되기 때문에 이 단계는 학습자로 하여금 새롭게 얻은 지식을 강화하고 일반화시키는 역할을 한다(김남일 · 이소영 · 배진호, 2001).

탐구 및 개념도입 단계를 통해 학습한 개념, 원리 또는 사고 양식을 다시 새로운 상황과 문제에 적용시키는 단계로서 새로운 개념의 적용 가능성의 범위를 확장하여 발전적으로 전개하는 과정이다. 이 단계에서 자율적 조절 기능을 위한 충분한 시간과 경험을 제공하고 새로운 사고 유형을 안정화시킨다.

이상에서 제시된 개념변화를 위한 교수모형들을 정리해 보면 다음과 같다.

첫째, 대부분의 개념변화 교수모형들은 표현만 다를 뿐 공통적으로 첫 번째 단계에서 학습자들의 기존개념에 대한 불만족과 자신의 오개념에 대해 인식하기를 들고 있다. 구성주의에 입각한 개념변화 교수활동은 유아가 자신이 지니고 있는 오개념을 인식하고 그에 대한 불만족을 인식하는 데서 시작한다는 것이다. 이것은 구성주의의 학습지도 원리인 탐구의 원리(김선영, 2001)의 적용이라 할 수 있다. 유아들은 주변세계에 대해서나 탐구적인 행위를 통해서 지식을 구성한다. 즉 이러한 탐구적 행위는 물체를 조작하는 등의 물리적이거나 의아함을 갖는 등의 정신적일 수 있는 것으로, 먼저 물체나 아이디어를 탐구할 수 있는 기회에 접하게 되고, 만일 이 탐구가 불일치를 불러일으킨다면 탐구는 계속되어 불일치를 발생시킨 것을 이해하는데 중점을 두게 되고, 결국 이러한 것을 통해 지식을 구성하게 된다(Wardsworth, 1996).

둘째는 유아가 자신의 오개념을 인식하게 되면 다음은 갈등의 인식단계이다. 이것은 유아들이 지식을 구성할 수 있도록 동기화시키기 위해 유아들로 하여금 인지적 갈등이 생기도록 하는 것이다. 유아들은 제시된 새로운 정보가 자신이 현재 갖고 있는 지식에 근거해 볼 때, 기대와 예측이 확실하지 않을 때 인지적 갈등을 인식하게 된다. 때로는 유아의 인지갈등을 유도하기 위해서 상반된 경험의 예를 제시하기도 한다(Macbeth, 2000).

셋째, 다음 단계는 유아의 개념변화를 위한 대안을 제시하고, 이를 통해 유아는 인지갈등을 해소하게 되는 개념변화 학습 단계이다. 유아에게 제시되는 대안으로서의 새로운 개념은 유아가 쉽게 받아들일 수 있을 만큼 그럴듯해야 하며(Posner 등, 1982; Hewson, 1996), 또한 개인의 지식표준에 일치해야 한다. 이러한 과정을 거치면서 유아는 새로운 개념이 무엇을 의미하는가를 이해하게 되고, 오개념과 대안개념간의 차이로 인한 인지갈등을 해소하게 된다. 이 과정에서 무엇보다도 중요한 것은 교사가 설정해 놓은 절차가 아니라 유아 스스로 가설을 설정하거나 유아가 자신의 잘못된 아이디어를 직접 밖으로 표출할 수 있는 실험을 하도록 도와주어야 한다.

넷째, 개념변화 학습을 통해서 유아들에게 새로운 개념이 형성되는 단계이다. 즉 유아들은 본래 자신이 가지고 있던 사고 중에서 바뀐 것이 무엇인지, 전에는 몰랐었는데 새롭게 알게 된 것은 무엇인지를 파악함으로써 변화된 인지상태를 인식하게 되는 것이다.

종합해 보면, 이들 개념변화 모형들의 출발점은 학습자가 가진 오개념이 무엇인가에 대한 인식에서 출발하여 그에 대한 인지갈등을 유발하고 이를 해소하는 과정을 거쳐 새로운 개념을 형성하게 한다는 공통점이 있다.

제6장

구성주의적 유아 과학 개념변화 교수모형의 개발

1. 모형개발을 위한 기본 관점

유아들의 사고는 끊임없는 호기심과 도전해 보고 싶어 하는 모험의 세계이다. 유아는 실제 활동을 해 봄으로써 즉, 물체를 여러 방법으로 조작하고 그 변화과정을 관찰하면서 기쁨을 느끼고 호기심을 유발하게 된다. 구성주의적 입장에서 바라본 과학교육은 유아가 직접 실물을 만져 보고 학습과정에 참여함으로써 지식을 구성한다는 입장에 기초를 두고 있다. 단순히 물체를 만져 보고 조작해 보는 그 자체만으로는 과학적 사고가 발달하기에 충분하지 않으므로 유아 자신이 물체를 만지는 그 자체에만 머물지 말고 지식의 구성을 위해 적극적으로 참여하도록 하여 유아 스스로 과학적 지식을 구성해 가도록 하는 것이다.

구성주의는 유아가 주변 세계에 대해 이론을 설정하는데 있어서 능동적으로 즉, 직접적인 교수 없이도 자연적으로 참여하는 데에 근거를 둔다. 구성주의 입장에서 보면 유아는 타고난 과학자로서 기회를 부여받았으며 스스로 실험과 문제해결에 관여한다. 교사의 역할은 이러한 실험이 일어날 수 있는 상황을 제공하고, 도움을 주는 학습 자료와 경험을 제공함으로써 유아의 이론 정립을 조장하는 것이다. 유아가 이해력을 습득하고 확장시켜가는 과정을 매우 중요하기 때문이다.

특히 유아는 주로 감각을 통한 관찰에 의존하여 사고하는 특성이 있으므로 교사주도적인 실험이나 언어 의존적인 교육방법을 적용한다면 올바른 개념형성이 어려울 수 있으며, 오히려 지적 자율성을 해치는(Kamii & DeVries, 1992) 부정적인 결과가 초래될 수 있다. 이에 따라 유아의 능동성을 존중하고 스스로 지식을 창출하는 것을 돕는 구성주의적 교수는 유아의 자율성을 신장하면서 동시에 과학 개념변화를 유도해 내는 데 유용하다고 할 수 있다.

학습자의 탐구정신과 과학적 접근방식을 자극하고 격려하는 방법으로서 구성주의적 접근법은, 학습자의 개념 구성을 스스로가 그들 내에 이미 존재하는 개념을 기초로 하여 지식을 능동적으로 구성하는 과정이라고 보고, 아동이 자신이 가진 과학 오개념을 반추하고 그에 대한 개념변화를 이끌어 내는 것 또한 아동 스스로 이루어내야 하는 것으로 보면서 아동의 능동성을 강조한다.

새로운 개념을 학습하기 위해서는 유아들이 능동적으로 자신의 지식을 재구조화하고 재형성하는 과정에 참여해야 하며, 개념변화의 출발점은 유아의 미분화되어 있고 의도적인 과학적 지식과는 다른 소박한 지식이라고 할 수 있다. 이러한 관점은 구성주의자들이 언급하듯이 유아는 교사에 의해 제공되는 지식을 채울 '텅 빈 그릇'이 아니라 이미 사전에 구성된 지식으로 가득 차 있는 능동적 학습자로 보는 것과도 같은 맥락이다.

Chaille와 Britain(1991)은 구성주의의 관점에서 유아를 다음과 같이 이해하고 있다.

첫째, 유아들은 이론을 만드는 자이다.

둘째, 유아들은 물리적 지식의 기초를 세우는 자이다.

셋째, 유아들은 성숙함에 따라 지적으로나 도덕적으로 자율적이 되며 독립적으로 되어간다.

넷째, 유아들은 사회적인 존재이다.

이와 같이 유아가 스스로 의미를 구성하는 존재임을 인정한다면 유아가 능동적일 때 오개념에 대한 개념변화가 가능하다는 것을 의미한다.

따라서 구성주의 유아교육의 모델은 교사가 임의로 선정한 내용 지향적인 제목이나 주제로부터가 아니라 유아 자신의 사고과정으로부터 도출되어야 한다. 또한 유아는 능동적으로 의문을 품는 타고난 과학자로 간주되기 때문에 구성주의 교수 모델은 실험을 고무해야 한다. 학습활동 및 자료는 반드시 많은 가능성을 허용하는 것이어야 하고 다양한 접근을 북돋워 주는 학습 상황을 만드는 지침이 있어야 한다. 이렇게 될 때 유아들로 하여금 다양한 아이디어와 가설을 만들어내고 검증하게 하면서 이론 정립을 적극적으로 후원하는 환경을 만들어 줄 수 있다(Chaillé & Britain, 2003).

구성주의 관점에서 개념변화 교수모형을 개발하고자 할 때, 다음과 같은 유아와 유아의 학습과정을 염두에 둔다면 모형 구성에 유용할 것이다(강현석 외 역, 2007).

① 학습자들은 풍부한 선행 지식을 가지고 학교에 온다. 학습은 학습자의 선행 지식의 사용과 학교 경험 사이의 상호작용이다.

② 학습자들이 알고 있는 학습자들이 그것을 만들어내기 전에 존재하지 않았던 것으로 그것은 구성된 의미이다.

③ 학습자들은 지식, 대화, 경험들을 논리적으로 연결 지음으로써 세상에 대한 의미를 구성한다.

④ 이런 신념 체계는 종종 불완전한 설명 혹은 오개념이다.

⑤ 신념 체계는 더욱더 만족스러운 설명에 의해 대체되거나 수정될 때까지 유지된다.

⑥ 직접 교수법은 개인의 신념 체계를 변화시킬 가능성이 희박하다.

⑦ 학습은 새로운 경험과의 만남이 부조화를 초래할 때 발생한다.

⑧ 학습은 사회적 상호작용에 의해 촉진된다.

⑨ 학습은 유의미한 맥락에서 가장 잘 일어난다.

따라서 구성주의에 기초한 유아 과학 개념변화 교수 모형은 학습자의 탐구정신과 과학적 접근방식을 자극하고 격려하는 방법으로 접근해야 하며, 학습자가 개념을 구성하는 것은 학습자 스스로가 그들 내에 이미 존재하는 개념을 기초로 하여 지식을 능동적으로 구성하는 과정이라는 것을 전제해야 한다. 그리고 유아 자신이 가진 과학 오개념을 반추하고 그에 대한 개념변화를 이끌어 내는 것 또한 유아 스스로 이루어내야 하는 것으로 보고 유아의 능동성의 존중을 모형을 개발하는 출발점으로 삼아야 할 것이다. 그리고 유아가 자신이 형성하고 있는 선개념이 잘못된 것일 경우에는 인지갈등의 과정을 거쳐 과학적 개념으로 인지구조를 변화시키는 것 또한 유아 스스로 이루어내도록 교수의 전과정에 있어서 유아의 능동성을 존중하는 것이어야 한다.

2. 유아의 과학 개념변화를 위한 구성주의적 접근

유아의 오개념을 바로잡아 정개념을 형성하도록 하는 개념변화란 학습자가 자신의 현존하는 지식을 사용하여 새로운 정보를 의미있게 만드는 과정이라 할 수 있다. 즉 새 개념을 통해 기존의 개념을 재구성함으로써 또는 기존개념을 새 개념으로 교환함으로써 자신들의 개념을 변화시켜 가는 과정이 학습이라는 것이다(곽향림, 2002; Hewson, 1996). 이에 따라 유아의 능동성을 존중하고 스스로 지식을 창출하는 것을 돕는 구성주의적 개념변화 교수는 유아의 자율성을 신장하면서 동시에 과학 개념변화를 유도해 내는 데 유용하다고 할 수 있다.

1) 개념변화에 대한 인지적 구성주의의 관점

앞 장에서 살펴본 바와 같이 인지적 구성주의의 관점에서 보면, 유아는 그들의 주변 세계에 대한 일상적인 경험을 통하여 스스로 개념과 의미를 구성하게 되며, 그러한 과정에서 유아가 또 다른 새로운 환경에 직면하게 될 때 자신이 현재 지니고 있는 개념적 수준과 일치하지 않은 상황에 놓이게 된다. 유아가 이러한 난관에 봉착했을 때 이에 대처하기 위한 사고작용의 과정에서 유아가 모순을 느끼게 되고, 이 모순은 평형화된 구조를 구성하는 데 있어 중요한 요소가 되며 아울러 개념변화를 할 수 있게 하는 동기를 부여하게 된다(Schattgen, 1997). 따라서 교실현장의 교사는 진단자로서 학습자의 수업 전 개념의 사전 진단 과정을 통해 유아가 가지고 있는 오개념의 특징과 함께 현재의 이해상태에 친숙해져야 한다. 그리하여 학습자의 오개념을 과학적 관점으로 대체하는 개념변화가 일어나도록 그들이 가진 기존개념에 대한 불만과 갈등을 야기할 필요가 있다.

인지적 구성주의 개념변화 모형은 다음 〈그림 6-1〉과 같이 구조화할 수 있다.

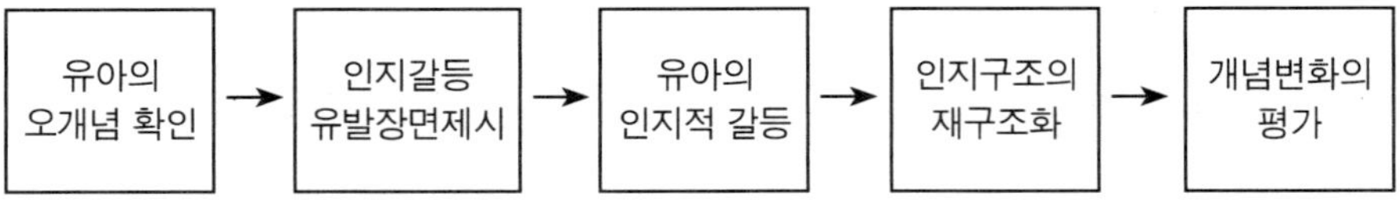

〈그림 6-1〉 인지적 구성주의 개념변화 교수모형

2) 개념변화에 대한 사회적 구성주의의 관점

사회적 구성주의에서는 과학에 있어서 유아의 개념적 지식은 우선 개인이 구성한 것이 존재하며 그것이 사회적으로 공표된다고 본다. 사회적 구성주의에서는 학습과정은 사회적 상황 속에서 발생한다고 보는데, 공동체 내에서 구성원들 간의 의미 교섭을 통하여 도출되고 합의된 이해, 즉 공유된 지식체를 만들어 나가는 것이라고 본다(허인숙, 2001).

Vygotsky는 어떻게 하면 자발적 개념에서 과학적 개념으로 옮겨갈 수 있도록 할 수 있는지 즉, 학습을 촉진시킬 수 있는 방법이 무엇인지에 관심을 가지고 과학적 개념이든 자발적 개념이든 그것은 단번에 완전한 형태를 이루는 것이 아니라 시간을 두고 유아에게서 발달되는 것이라고 주장하였다. 이에 따라 교사의 지도 및 지지와 또래들 간의 토론, 반례와 논박에 의한 계속적인 수정을 통해 보다 객관적이고 보편적인 지식으로 만들어 나가면서 주관적 지식은 객관적인 지식으로 바뀌어가고, 아울러 그것이 다음의 주관적인 지식 구성의 바탕이 된다는 것이다. 즉, 유아는 교사 및 또래 학습자들과 상호 협상과정을 통해 학습자의 사전 개념, 즉 오개념이나 원래의 매우 제한된 개념의 이해와 의미가 교정되거나 개발 및 확장된다는 것이다.

사회적 구성주의 개념변화 모형은 다음 〈그림 6-2〉와 같이 구조화할 수 있다.

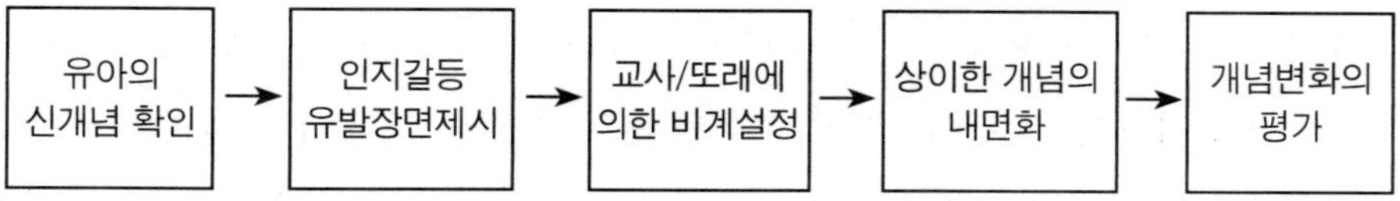

〈그림 6-2〉 사회적 구성주의 개념변화 교수모형

개념형성에 있어서 구성주의의 대표적인 이 두 이론의 차이점을 살펴보면, 인지적 구성주의는 먼저 개인적인 내적 구성이 선행된 뒤에 다른 사람과의 사회적 상호작용을 통해 탈중심화가 일어난다고 보는 반면에 사회적 구성주의는 다른 사람과의 사회적 상호작용, 즉 언어적 의사소통을 통해 개념형성이 일어난다고 주장한다. 이는 아동발달에 있어서 두 가지 차원인 심리적 차원과 사회적 차원 중에서 어느 것이 선행하고 어느 것이 후행하는 가의 차이라고 할 수 있다.

3. 구성주의적 개념변화 모형 개발

위에서 살펴 본 구성주의의 개념변화 교수 과정에 대한 두 가지 유형의 관점의 차이는 〈그림 6-1〉과 〈그림 6-2〉에서 나타나는 바와 같이 '유아의 인지적 갈등' 단계와 '교사/또래에 의한 비계설정' 단계가 있는가 없는가의 차이다. 그러나 이 두 단계는 둘 중 어느 하나를 취하고 버릴 수 있는 성질의 것이 아니라고 판단된다. 교사나 또래와의 상호작용 없이 유발된 인지갈등을 유아 혼자서 자신의 견해에 따라 해소하고 재구조화한다면 이는 자칫 또 다른 오개념을 형성할 우려가 있으며, 반대로 인지갈등 장면에서 유아 스스로의 인지갈등을 해소하고자 하는 노력이 없이 바로 교사의 개입에 의해 유아가 과학개념을 받아들인다면 아는 교사 혹은 또래에 의한 직접교수의 형태가 되기 때문이다. 따라서 유아의 과학 개념변화를 위한 교수모형을 개발하기 위해 여기에서는 두 단계를 포함하는 형태로 교수모형을 제안하고자 한다.

즉, 1단계에서는 유아가 가지고 있는 기존에 가지고 있는 과학개념을 먼저 확인하고, 만약에 오개념이 형성되어 있다면 이를 확인한다. 2단계에서는 과학개념을 제시함으로써 유아가 자신이 지니고 있는 오개념이 적용되지 않아 인지갈등이 일어날 수 있는 장면을 제공한다. 이어서 3단계에서 유아의 인지갈등을 유발한다. 4단계에서는 유아가 인지갈등을 통해 혼란한 상태에 있을 때 교사나 또래와의 상호작용으로 혹은 도움을 받아 과학개념을 형성하게 된다. 상호작용의 과정에서도 유아는 지속적으로 인지갈등을 하게 되어 단계 3과 단계 4는 교류될 수 있다. 5단계에서는 유아의 인지구조가 재구조화되고 올바른 과학개념을 내면화하게 된다. 마지막으로 6단계에서는 유아에게서 개념변화가 일어났는가를 확인하고 평가하게 된다. 이와 같은 개념변화 교수과정 모형을 개략적으로 도식화하면 다음 〈그림 6-3〉과 같다.

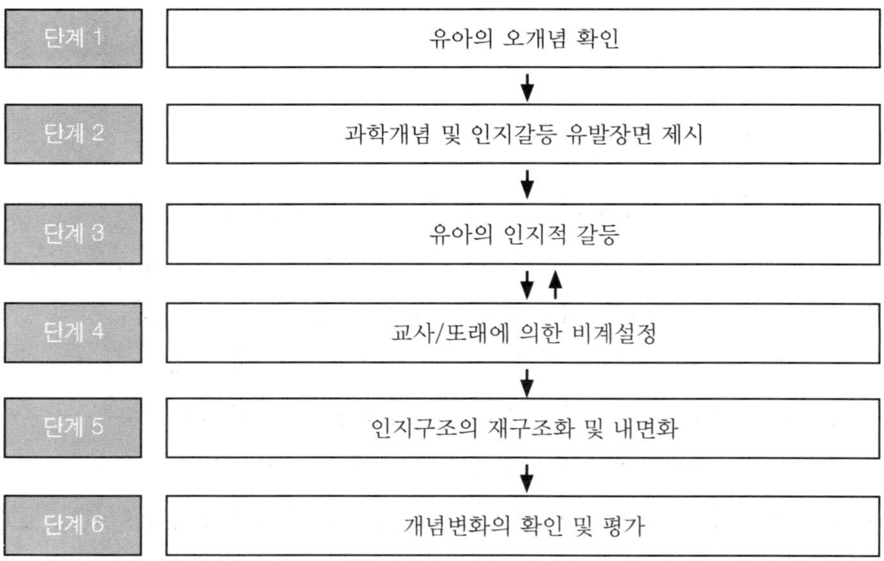

〈그림 6-3〉 구성주의적 접근에 의한 개념변화 교수모형

위에서 제시된 모형의 각 단계에 대해 살펴보면 다음과 같다.

1) 단계 1: 유아의 오개념 확인

유아들은 이미 자연세계에 대한 선 개념을 가지고 교육기관에 온다. 특히 어떤 유아들에게 있어서 이러한 믿음은 그들이 관찰한 것이 무엇인지, 그들이 경험한 것이 무엇인지의 결과이다. 이러한 믿음 중에서 일부는 과학의 원칙이나 개념과 일치한다. 예를 들어서, 유아는 곰과 같이 겨울잠을 자는 동물이 있다는 것, 날씨가 변화한다는 것, 장난감 자동차가 평지보다 미끄럼틀에서 아래로 빨리 내려갈 수 있다는 것과 같은 것에 대해 알고 있다. 그러나 그러한 믿음 중에서 어떤 것들은 과학 원리와 비교해 볼 때 일치하지 않을 때도 있다. 예를 들면, 유아는 낙타가 물을 혹에 저장한다고 믿는다든지, 무거운 공이 가벼운 공보다 더 빨리 떨어진다고 믿고 있다(Martin, 1997).

유아들이 잘못된 개념을 갖게 되는 이유에 대해서 Piaget는 유아는 자신이 기존에 가지고 있는 인지구조에 맞게 새로운 사건이나 사물을 동화하기 때문이라고 하였다(곽향림, 2002). 이러한 동화에 의해 어린이가 새로운 내용을 잘못된 파일, 즉 스키마에 끼워 넣었을 때, 때로 그들은 인지적 갈등과 모순을 느끼기도 하지만 때로는 그렇지 못할 때도 있다. 모순을 느끼지 못하고 인지적 갈등을 해결하지 못할 때 유아는 잘못된 오개념을 갖게 되는 것이다. 이와 같이 오개념은 과학수업 이전에 유아 자신의 경험과 직관을 바탕으로 형성되어지며 그들의 독특한 개인적 경험의 결과로 개념학습 이전에 형성된 것이기에, 수업에 의해서도 쉽게 변화되지 않는다. 따라서 유아들의 개인적 믿음을 공인된 과학 지식으로 변화시키자 하는 교사들은 수업 시작 전에 학생들이 가진 오개념을 확인할 필요가 있다(박지연 · 이경호, 2004).

유아가 기존에 가지고 있던 오개념은 다음 단계의 인지적 갈등을 통하여 끊임없이 새로운 개념을 구성해 가기 위한 바탕이 되는 개념으로 볼 수 있다. 따라서 유아들이 어떠한 오개념을 가지고 있는지를 정확히 파악하고 적절한 갈등을 일으킬 수 있는 자극을 주는 것이 구성주의 과학교육에서 중요하다.

이 단계에서 교사는 어린이들의 활동 및 실험을 관찰하면서 그들의 잘못된 개념을 찾아낼 수 있다. 예를 들어 어린이가 물이 증발하여 없어진 것을 보고 깜짝 놀라는 반응을 관찰한다든지, 물에서 떠오르려는 물체를 자꾸 밀어 넣고 있는 어린이를 본다면 이는 잘못된 개념을 보여준다고 판단할 수 있을 것이다. 예에서 보는 바와 같이 유아의 현재의 추론을 고려함이 없이 어린이들이 지닌 과학적으로 잘못된 개념을 변화시킨다는 것은 어려운 일이다(곽향림, 2002).

따라서 교사는 유아의 잘못된 개념들이 무엇인지를 규명하고 이해해야만 하며, 그들이 의미 있는 맥락에서 자신의 지식을 재구성하도록 도와주어야 한다. 또한 유아가 자신의 경험으로부터 자신의 해석대로 개념을 이끌어 냄으로써 지식을 구성한다면 그들이 도달하기 힘든 과제들이나 아이디어들을 무조건 가르친다는 것은 무의미하다. 이러한 점에서 유아가 가지고 있는 오개념에 대한 확인은 개념변화 교수 과정에서 교사가 개입을 하기 위한 첫 단계라고 할 수 있다.

이 단계에서 이루어지는 교수-학습활동은 교사의 활동으로는 주제개념에 대한 소개, 주제개념에 대한 유아의 생각 묻기, 선개념이 오개념인지 확인하기 등이며, 유아의 활동으로는 주제개념에 대해 생각해 보기와 질문에 대한 자신의 생각 말하기 등이다.

2) 단계 2: 과학개념 및 인지갈등 유발 장면 제시

유아가 자신이 가지고 있는 선개념과 새로운 개념 간에서 인지적 갈등을 경험하는 것은 학습의 필수선결조건이라는 것이 구성주의 접근의 기본 원칙이다. 만약 우리가 현재 가지고 있는 지식과 이해의 정도로 모든 것을 설명할 수 있다면, 더 알아야 할 필요를 느끼지 않게 된다. 새로운 경험을 할 때 주로 인지적 비평형 현상이 일어난다. 인지적 비평형 상태는 믿을 수 없는 현상이 일어나거나, 이해가 부족하거나, 혼란스럽거나, 때때로 놀랍거나 할 때 일어난다.

유아가 지니고 있는 사전 개념이 새로운 현상을 받아들이기에 방해요인이 되지 않는다면 유아는 갈등 없이 동화를 통해 개념을 획득해 나갈 것이다. 그러나 동화만 일어난다면 새로운 지적 도식은 만들어지지 않을 것이며, 인지발달에 질적 변화는 일어나지 않을 것이다. 따라서 교사는 유아가 인지적 갈등을 느낄 수 있는 상황을 제공해 주는 것이 필요하다(유경숙, 2005).

구성주의 과학수업은 흔히 인지적 갈등전략을 이용하여 유아의 오개념을 과학적 개념으로 변화시키고자 한다. 오개념은 견고성을 지니고 있어서 개념이 변화한 것처럼 보여도 다시 되돌아가려는 경향을 갖게 만드는 경우가 많다고 한다. 교수학습활동에서 논리적인 설명보다 실제로 시범을 통해 현상을 보여줄 때, 인지적 갈등이 더 잘 일어났고 긍정적인 개념변화가 더 잘 일어났으며, 인지적 갈등을 유발했을 때, 개념변화의 효과가 지속적이다(김범기 · 권재술, 1995). 그러나 유아에게 사실 의도적으로 인지갈등이 일어나도록 하는 방법보다 더 바람직한 것을 자발적인 활동으로 인지갈등을 직면하게 하는 것이다(곽향림, 2004).

많은 유아들은 무거운 공이 가벼운 공보다 더 빨리 떨어질 것이라고 예측한다(Martin, 1997). 이 예측은 그들의 현실 경험과 그것이 사실이라고 믿는 직관과 관계가 있다. 그러나 같은 높이에서 동시에 떨어뜨렸을 때 무게 차이와는 관계없이 가벼운 공과 무거운 공이 동시에 바닥에 떨어지는 장면을 보여주었다고 생각해 보자. 만약에 기존의 생각대로만 생각을 하였다면, 무거운 공이 가벼운 공보다 빠르게 떨어질 것이라고 했을 것이다. 이러한 경우 인지적 갈등을 경험하게 되며, 이러한 새로운 경험으로 인해 선개념을 재구성해야만 한다.

유아가 느끼는 모순에서 생겨나는 인지적 갈등은 지적 호기심과 도전에 발판이 되어준다. DeVries 등(2002)의 실험에서 인지적 갈등이 일어나도록 바닥구멍이 있는 용기를 먼저 준 후에 옆 구멍이 있는 용기를 주었다. 바닥구멍에서 물이 직선으로 빠져나오는 것을 경험한 유아들은 옆 구멍에서도 그와 같은 현상이 나타날 것으로 기대할 것으로 예상하였으며, 유아는 실제로 예상한 반응을 보였다. 그러나 유아들은 곡선으로 나오는 물줄기를 보면서 놀라운 반응을 보였고 그 이후 옆 구멍에서 나오는 물줄기에 흥미와 관심을 계속 보이면서 그에 관한 인지구조를 구성해가는 것을 볼 수 있다(곽향림, 2002).

이 단계에서 교사는 유아들이 기존의 신념에 의문을 가지도록 격려하고 무슨 일이 일어날 것인지 궁금해 하는 상황을 설정함으로써 인지적 비평형 상태를 유도한다. 또한 교사는 유아들이 여러 가지 상황 속에서 기족의 선 개념을 중심으로 갈등하도록 한다. 즉, 유아들이 자신의 신념에 의문을 가지도록 격려한다. 이에 따라 유아들은 이미 가지고 있는 선개념을 중심으로 어떤 상황에 대해 예측하려고 노력하게 되고, 이러한 예측들이 맞지 않을 때 유아들은 자신의 선개념에 의문을 가지게 된다. 이러한 과정 속에서 유아들은 새로운 정보를 받아들이거나 수정하며 자신에게 의미 있고 가치가 있는 방법으로 아이들이 그들의 신념을 재구성할 수 있는 기회를 가질 수 있게 된다.

유아들은 자신이 현재 갖고 있는 지식에 근거해 볼 때, 기대와 예측이 확실하지 않을 때 인지적 갈등을 갖게 되는데, 교사는 언어적인 질문 또는 비언어적으로 이를 도와 줄 수 있다. 또한 교사는 유아가 새로운 상황에 대한 탐색 과정에서 유아가 가지고 있는 생각과는 모순이 되는 질문을 한다. 유아들은 교사의 이러한 질문에 의해 인지적 갈등을 겪게 되고 더욱 심화된 탐구를 하도록 동기화 된다. 또 유아들이 어떤 내용이나 문제를 놓고 서로 협동하거나 상호작용 할 때 다양한 견해가 발생하고 이것은 각 아동의 인지적 갈등을 위한 토대가 된다(유경숙, 2005).

이 단계에서 이루어지는 교수-학습활동은 교사의 활동으로는 과학개념 제시하기, 갈등을 유발하는 장면 시연하기, 유아의 오개념에 대한 갈등을 유발하는 질문하기 등이며, 유아의 활동으로는 관찰하기, 조작해 보기, 자신의 오개념과 과학개념을 비교해 보기 등이다.

3) 단계 3: 유아의 인지적 갈등

이 단계는 학습자의 능동적인 인지적 참여 기회를 제공하는 단계이다. 인지적 갈등이란 학생들이 기존에 가지고 있는 생각에 반하는 자연현상이나 다른 사람의 주장에 직면하였을 때 나타나는 심리적인 갈등상태이다(권재술, 1989; Hashweh, 1986).

구성주의 이론은 교사나 가르치는 자보다 학습자와 유아에게 더 강조점을 두고 있다. 사물 또는 사건과 상호작용을 하고 그러한 경험으로부터 사물들과 사건들이 가지고 있는 특징이나 특성들에 대해 이해하게 되는 개체는 바로 유아들이다. 유아는 어떤 문제에 대해 개념을 갖게 되고 또 해결을 위해 자기 나름대로 구성을 하는 자이다. 유아들은 그들 나름대로의 해결점을 고안해 내어야하고 아이디어와 가설들을 생각해 내도록 격려받는다. 학습자들은 이전에 가지고 있던 지식에 기초하여 이러한 해결과 고안을 하도록 기회를 얻게 되는 것이다(장혜순 외, 2005). 따라서 개념변화 교수과정에서 유아의 잘못된 개념을 과학적 관점으로 대체하는 개념변화가 일어나기 위해서는 학습자가 그들의 기존개념에 대해 불만을 가져야 한다(곽향림, 2002).

학습자의 관점에서 어떤 예외적인 현상이 일어났을 때, 이를 감지하면서도 유아가 '무엇이 잘못되었나?'를 느끼지 못하고 국부적인 현상으로 취급한다면 아직은 기존개념의 위상이 매우 높은 것이다. 그러나 '무엇이 잘못 되었나'와 '무슨 일이 일어났나'를 왔다 갔다 하면서 유아가 점차 자신의 기존의 생각과 나타난 현상간의 모순을 느끼게 된다면, 유아는 기존의 개념과 새로운 개념을 함께 병행하는 위상을 지니게 된다. 그러다가 유아는 점차 나타난 현상을 인지하게 되고 자신이 경험한 현상을 확인하기 위해 다시 실험을 하면서 '무엇이 입증되고 있나'를 통해 새로운 생각에 대한 증거를 모으고 유추를 하게 된다. 이러한 과정에서 기존 생각의 위상은 아주 낮아지고 새로운 생각의 위상이 높아지면서 개념변화가 일어날 수 있는 기반이 마련되는 것이다. 따라서 모순을 느끼고 이에 대해 유아가 인지갈등을 하는 것은 유아가 개념변화를 할 수 있는 동기를 부여한다(곽향림, 2002).

이 단계에서 교사는 유아가 기존의 개념과 과학개념 사이에서 모순과 불만을 가지고 인지갈등을 하는 과정을 관찰하는 등 소극적 개입을 해야 한다.

이 단계에서 이루어지는 교수-학습활동은 교사의 활동으로는 허용적·개방적 분위기 조성하기, 유아의 갈등상황 관찰하기 등이며, 유아의 활동으로는 탐색 해보기, 예상해 보기, 문제발견 하기, 생각해 보기, 자신의 생각 반추하기 등이다.

4) 단계 4: 교사/또래에 의한 비계설정

유아들은 사회적인 존재이다. 유아들은 자신들의 주변 세계에 대해 배울 때 다른 이들과 상호작용을 하면서 사회적인 세계를 이해해 나가는 사회적인 존재이다. 다시 말하면 자연현상과의 개인적인 상호작용 그리고 성인 또는 동료들과의 사회적 상호작용을 통하여 그들 자신의 지식을 구성해 나간다.

개개의 사람들이 같은 문제를 가지고 서로 다른 방법으로 탐구하여 정보를 서로 공유할 때, 각 개인의 사고, 생각에서 약점과 강점이 명확히 드러난다. 유아들은 개인적으로 자신의 개념을 구성해 간다. 그러나 교실 안에서 다른 친구들이나 교사와의 상호작용을 통하여 그들 자신의 생각에 다른 사람의 생각을 포함함으로써 생각을 확장시키게 된다.

특히 자아 중심적 사고에 있는 유아들은 또래와의 상호작용을 통해서 자신과 타 유아의 생각을 비교함으로써 자신의 생각을 평가하는 것을 배우게 되므로 또래와의 상호작용은 인지적 갈등을 고무시키는 효과적인 수단이 된다. 구성주의 교실에서 또래간의 사회적 상호작용은 단지 허용되는 것만으로 충분하다는 생각은 오해이며, 반드시 북돋워져야 한다(유경숙, 2005).

사회적 상호작용은 그것이 생활의 일부이기도 하지만 유아의 이론 정립에도 능동적으로 기여한다는 점에서 매우 중요하다. 특히 성인이나 책과 같은 권위적인 자료들보다 또래 친구와의 상호작용이 중요하다. 구성주의 관점에서 교육의 목적은 사회적인 세계에 대해 이해하고 사회적인 환경(맥락)에서 상호작용하고 지식을 구성해 나가도록 격려하는 것이다. 따라서 이 목적을 위하여 유아들이 서로 상호작용을 할 수 있는 물리적인 환경을 조성해 줌으로써 협상하고 문제를 해결하며 협동할 수 있도록 지원해야 한다. 유아들은 다양한 학습활동을 하게 될 때 그리고 자신의 생각에 대해 반추할 기회가 주어졌을 때 그들은 의도된 학습의 결과를 향하여 자신의 생각들을 수정할 수 있는 것이다.

사회적 구성주의 관점의 Vygotsky나 개인적 구성주의에 영향을 준 Piaget도 지식의 구성에서 토론과 동료와의 상호작용을 중요하게 여긴다. Vygotsky는 이해나 지식은 협동적 대화나 상호작용을 통하여 사회적으로 구성되므로 사회적 상호작용이 없이 개념의 성장은 이루어질 수 없다고 본다(Howe, 1993). 즉 지식의 구성에서 언어의 역할과 타인의 역할을 보다 강조한다(Howe, 1993; 강인애, 1995). 반면 Piaget는 동료와의 상호작용은 교사와의 상호작용에 비하여 권위적인 면이 없어서 부담 없이 자신의 생각을 그러낼 수 있고 자신의 생각을 명료하게 해 주며, 갈등과 차이를 인식시켜 비평형을 유발하고 결국 평형화 과정으로 이끌어 줄 수 있는 중요한 수단이 되기 때문에 중요하다고 하였다(Hewson, 1996).

특히 사회적 구성주의 관점에서 협동학습은 학습자의 개념변화를 위한 시사점도 크다. 즉, 교사 및 또래 학습자들과의 상호협상과정을 통해 학습자의 사전개념 즉, 원래의 매우 제한된 개념의 이해와 의미가 개발 및 확장된다는 것이다. 교실 내에서 또는 작은 집단 내 토의과정에서 또래 학습자들 및 교사들로부터의 도전 및 피드백을 통해 각 개인은 그들의 직관적 개념을 변형 또는 재구성해야 할 필요성을 자각하게 된다는 것이다. 나아가 이러한 협동적 학습환경 하에서 개인은 집단 구성원들 간의 효과적이고 원만한 의사소통을 위해서 그들이 지닌 기존 개념 및 의미를 정제, 개선 및 확장해 나가게 된다.

그러나 이 과정에서 학습자 개인은 그들 주변에서 일어나고 있는 대화를 이해하게 되고, 이를 그들의 기존개념 및 사고방법과 관련짓게 되며, 개인 간의 차원에서 일어나는 대화 및 활동을 개인 내에서 재조직하고 재구성하게 된다(곽향림, 2002).

이 단계에서 교사의 역할은 유아의 사고방법을 이해하려고 시도함으로써 그리고 구성적 과정을 조장함으로써 그리고 구성적 과정을 조장함으로써 유아와 협력하는 것이다. 교사의 역할은 또한 유아가 정서적 안정을 구성하는 것을 증진시킴으로써 그리고 능력대신 개인 상호간의 이해와 도덕적 가치를 강조함으로써 유아간의 협력을 북돋워주는 것이다(유경숙, 2005). 또한 유아가 교사나 또래의 도움을 받거나 상호작용을 하는 과정에서도 지속적으로 앞 단계의 인지적 갈등을 할 수 있도록 조장한다.

이 단계에서 이루어지는 교수-학습활동은 교사의 활동으로는 활발한 상호작용 분위기 조성하기, 생각을 유도하기, 교수적 비계지원하기, 유아의 인지갈등 해소 격려하기 등이며, 유아의 활동으로는 또래와 의견 나누기, 협동적 상호작용하기, 교사에게 질문하기, 설명해 보기 등이다.

5) 단계 5: 인지구조의 재구조화 및 내면화

오개념을 재구성하면서 지식을 구성해 가도록 도와주기 위해서, 교사는 유아가 스스로 직접 탐구하도록 격려해야 할 것이다. 이렇게 함으로써 유아들은 자신에게 가장 적절한 방법으로 새로운 현상, 새로운 생각, 새로운 경험을 이미 가지고 있는 지식과 연결하게 되는 것이다. 즉, 개념의 변화는 한 개인이 계속적으로 구성하고 재구성하는 과정이다.

만일 유아들이 새로운 개념을 구성하고자 할 때, 새 것이 이전에 가지고 있는 오개념보다 더 그럴듯하게 보이면, 오개념에 대한 대체물로서 잠정적으로 그것을 수용하게 된다. 유아들이 그것을 지속적으로 받아들이기 위해서는 세 가지 요인들이 이루어져야 한다(Martin, 1997).

첫째, 새로운 개념화는 반드시 설명력을 가지고 있어야 한다. 그것을 각각의 현상의 발생을 위한 그럴듯한 설명을 제공해야만 한다. 예를 들면, 무엇이 자석에 붙고 안 붙는가에 대한 선행 경험을 토대로 유아들은 동전이 자석에 붙을 것이라고 믿는다. 이때에는 직접 여러 가지 동전으로 시도하는 것이 필요하다. 이러한 과정을 거치면서 자신의 이전 개념이 그렇지 않다는 것을 분명하게 설명해 주어야만 동전이 자석에 붙지 않는다는 개념을 내면화하게 된다.

둘째, 새로운 개념화는 예측력을 가져야 한다. 즉, 그 개념은 관찰된 것을 설명할 수 있어야 하고 다른 형상에 대해서 무엇이 일어날 것인지에 대해 예측할 수 있어야 한다. 예를 들어서, 동전이 자석에 붙지 않는다는 새로운 개념화는 또 다른 동전들도 자석에 붙지 않을 것이라는 예측을 하게 한다.

셋째, 새로운 개념화는 다른 연구자, 관찰자에게도 확인되고 밝혀져야 한다. 유아들은 소집단 속에서 서로의 생각을 나눈다. 그들은 친구나 교사들의 이야기를 들으면서, 의문점이 생기면 물어 보고 자신의 생각을 명확히 하면서 재조정하고 수정한다. 이러한 상황은 새로운 개념화를 개인이 구성하는 것과 더불어 다른 사람과 공유하는 것을 말한다. 예를 들어, 교실에서 어떤 누군가가 동전이 자석에 붙는다고 한다면, 그렇지 않다고 생각하는 유아는 어떻게 해서든 이 지식을 새로운 개념화를 하기 위해 활용할 것이다.

이 단계에서 교사들은 유아들이 자신의 견해를 공유하도록 격려해야 한다. 그래서 그들이 실험한 탐구의 경과가 설명력과 예측력을 가지고 있음을 증명해 보이게 해야 한다. 소집단 활동을 하는 것은 서로 의견을 나누며 다름을 인식하는 비판적인 공유 기회를 갖게 한다.

이 단계에서 이루어지는 교수-학습활동은 교사의 활동으로는 재구조화로 안내하기, 내면화 격려하기, 요약해서 정리해 주기 등이며, 유아의 활동으로는 교사/또래에게 질문하기, 개념을 수정하기, 자신의 변화된 개념 인식하기, 명료화하기 등이다.

6) 단계 6: 개념변화의 확인 및 평가

이 단계는 일련의 개념변화 교수를 통한 유아의 선개념이 과학적 개념으로 변화된 유아의 인지구조가 재구조화되고 내면화되었는지를 확인하는 단계이다. 이를 위해 평가를 실시하게 되는데 유아의 잠재적 발달수준을 지원 · 촉진하기 위해 융통성을 부여하면서 어려운 것에서부터 쉬운 것으로 이행하는 것을 원칙으로 한다(이기현 · 황윤세, 1999). 또한 인지적 갈등을 유발하는 평가를 하는 것이 필요하다. 수준이 높은 문제나 자극을 극복해야 하는 질문, 다시 말하면 현재의 유아의 수준보다 유아가 도전감을 가질 수 있을 정도의 난이도를 가진 질문을 할 때 유아는 동기화된다. 따라서 높은 단계의 인지적 능력을 요구하는 질문을 적절히 사용하는 것을 학습자가 의미 있는 학습에 좀 더 능동적으로 참여하도록 도울 수 있는 학습 환경의 중요한 측면이 된다.

이 단계에서 이루어지는 교수-학습활동은 교사의 활동으로는 유아에게서 개념변화가 일어났는지를 확인하는 질문하기와 피드백 해주기 등이며, 유아의 활동으로는 자신의 생각을 표현하기, 발표하기, 재구성된 생각을 새로운 상황에 적용해 보기 등이다.

이상에서 각 단계의 중요성과 그 단계에서 이루어지는 내용과 교사의 역할 그리고 교수-학습 과정에서 일어나게 되는 교사와 유아의 활동에 대해 살펴보았다. 이를 종합하여 구성주의적 접근에 의한 유아의 개념변화 교수모형을 재구성하면 다음 〈그림 6-4〉와 같다.

단계	내 용	교사활동	유아활동
단계 1	유아의 오개념 확인	ㅇ주제에 대한 소개 ㅇ주제개념에 대한 유아의 생각 묻기 ㅇ선개념이 오개념인지 확인하기	ㅇ주제개념에 대해 생각해보기 ㅇ질문에 대한 자신의 생각 말하기
단계 2	과학개념 및 인지갈등 유발장면 제시	ㅇ과학개념 제시하기 ㅇ갈등을 유발하는 장면 시연하기 ㅇ유아의 오개념에 대한 갈등유발 질문하기	ㅇ관찰하기 ㅇ조작해보기 ㅇ자신의 오개념과 과학개념 비교해보기
단계 3	유아의 인지적 갈등	ㅇ허용적 · 개방적 분위기 조성하기 ㅇ유아의 갈등상황 관찰하기	ㅇ탐색해보기 ㅇ예상해보기 ㅇ문제발견하기 ㅇ생각해보기 ㅇ자신의 생각 반추하기
단계 4	교사/또래에 의한 비계설정	ㅇ활발한 상호작용 분위기 조성하기 ㅇ생각을 유도하기 ㅇ교수적 비계지원하기 ㅇ유아의 인지갈등 해소 격려하기	ㅇ또래와 의견 나누기 ㅇ협동적 상호작용하기 ㅇ교사에게 질문하기 ㅇ설명해보기
단계 5	인지구조의 재구조화 및 내면화	ㅇ재구조화 안내하기 ㅇ내면화 격려하기 ㅇ요약해서 정리해주기	ㅇ교사/또래에게 질문하기 ㅇ개념을 수정하기 ㅇ자신의 변화된 개념 인식하기 ㅇ명료화하기
단계 6	개념변화의 확인 및 평가	ㅇ질문하기 ㅇ피드백 해주기	ㅇ자신의 생각 표현하기 ㅇ발표하기 ㅇ재구성된 생각을 새로운 상황에 적용해보기

〈그림 6-4〉 구성주의적 접근에 의한 유아의 개념변화 교수모형

이상에서 제안된 구성주의적 접근에 의한 유아의 개념변화 교수모형에 따라 유아가 지니고 있는 과학 오개념에 대한 개념변화를 위해 교수하고자 하는 과학의 각 주제에 맞도록 구체적인 학습지도안을 마련하여 실제 유아의 과학수업에 활용한다면 유아가 지니고 있는 과학 오개념에 대해서 효과적인 개념변화를 이룰 수 있을 것이다.

〈부록〉 구성주의적 접근에 의한 수업지도안 예시

<table>
<tr><td>주제</td><td colspan="5">피는 우리 몸 속에서 어떤 역할을 할까요?</td></tr>
<tr><td>학습
목표</td><td colspan="5">피가 우리 몸속에서 하는 역할을 알 수 있다.</td></tr>
<tr><td>수업
매체</td><td colspan="5">인체혈관 구조 사진 또는 모형</td></tr>
<tr><td rowspan="2">단계</td><td rowspan="2">수업
과정</td><td rowspan="2">시
간
(분)</td><td colspan="2">교수-학습활동</td><td rowspan="2">지도상
유의점 및
참고 사항</td></tr>
<tr><td>교 사</td><td>아 동</td></tr>
<tr><td>도입</td><td>오개념의
확인</td><td>5</td><td>*피에 대한 동기유발을 한다.
- 다쳐서 몸에 피가 난 적이 있나요?
피는 무슨 색이에요?
- 피는 우리 몸속에서 어떤 일을 할까요?</td><td>- (대답)</td><td></td></tr>
<tr><td rowspan="3">전개</td><td>인지갈등
유발장면
제시
및 유아
의 인지
갈등</td><td>15</td><td>- 피는 몸의 각 부분으로 영양분과 산소를 운반하고 몸속에 남아있는 찌꺼기를 모아 몸 밖으로 내보내는 일을 해요.
- 만약에 몸 안에 피가 없다면 어떻게 될까요?</td><td>- (경청)

- (대답)</td><td></td></tr>
<tr><td>교사/또
래에 의
한 비계
설정</td><td>10</td><td>- 피가 우리 몸에 가만히 있을까요? 아니면 돌아다닐까요?
- 우리 몸에는 피가 다니는 길이 있는데 이것을 '혈관'이라고 해요. 친구들 손을 보세요. 이런 것들을 혈관이라고 해요.
- 혈관에는 두 가지 종류가 있는데 하나는 숨을 들이마셔서 깨끗한 피
- 피는 이 혈관을 돌아다니면서 산소와 영양분을 공급하고 찌꺼기를 모아요.</td><td>- (대답)

-(자유 응답 및 또래 간 토론 유도)</td><td></td></tr>
<tr><td>인지구조
의 재구
조화 및
내면화</td><td>5</td><td>- (지금까지 배운 내용을 정리한다.)</td><td></td><td></td></tr>
<tr><td>정리</td><td>개념변화
의 확인
및 평가</td><td>5</td><td>-우리 몸 속에 피가 없으면 어떻게 될까요?
-피는 우리 몸속에서 어떤 일을 할까요?</td><td>-(배운 내용을 발표)</td><td></td></tr>
</table>

주제	천둥은 어떻게 만들어 질까요?				
학습 목표	천둥이 만들어지는 원리를 안다.				
수업 매체	그림자료				
단계	수업 과정	시간(분)	교수-학습활동		지도상 유의점 및 참고 사항
			교 사	아 동	
도입	오개념의 확인	5	- 천둥이 치는 것을 본적이 있나요? - 천둥이 칠 때 날씨가 어땠어요? - 비오는 날은 천둥이 다 쳤나요? - 천둥이 칠 때 어떤 소리가 나나요?	– (대답)	
전개	인지갈등 유발장면 제시 및 유아의 인지 갈등	15	- 천둥과 번개의 개념을 설명한다. - (비와 천둥에 관련된 사진을 보여준다.) - 비는 어떻게 만들어질까? - 천둥이 칠 때 왜 소리가 날까? - 번개는 왜 번쩍하면서 빛이 보일까? - 비 안 오는 날에도 천둥이 치는 것을 본적 있니? - 비 오는 날이나 안 오는 날 이나 천둥은 생기는데 그럼 천둥은 어떻게 해서 만들어지는 걸까? - 그럼 왜 구름 때문에 천둥이 만들어지는 걸까?	- (자유로운 응답 유도)	
	교사/또래에 의한 비계 설정	10	-천둥은 구름끼리 부딪칠 때 생기는 거예요. -그럼 구름은 어떻게 만들어질까요? 서로 얘기해 볼까요. -예, 땅에서 올라 간 물방울이 모여서 구름이 생겨요. 구름 속에 작은 알갱이(물방울)이 서로 다른 성질(+, −)을 띠게 돼요. -성질이 다른 구름끼리 부딪치면 어떤 일이 생길까요?.	- (자유로운 응답 유도) -(자유 응답 및 또래 간 토론 유도)	
	인지구조의 재구조화 및 내면화	5	-구름 속의 서로 다른 성질을 가진 구름기리 부딪칠 때, 큰 소리가 나게 되고, 번쩍이는 빛이 나게 돼요. -이때 나는 큰 소리를 천둥이라고 하고, 번쩍이는 빛을 번개라고 해요.		
정리	개념변화의 확인 및 평가	5	-천둥은 어떻게 만들어 질까요?	-(알게된 것을 대답)	

주제	배는 어떻게 물에 뜰까?				
학습목표	배가 물에 뜨는 원리를 안다.				
수업매체	고무찰흙, 컵, 물				
단계	수업 과정	시간(분)	교수-학습활동		지도상 유의점 및 참고 사항
			교 사	아 동	
도입	오개념의 확인		- 배를 본 적 있나요? - 배를 어디서 봤어요? - 배는 어떻게 있었어요? - 배는 어떻게 물에 떠 있을 수 있을까?	- (자신의 생각을 발표함)	
전개	인지갈등 유발장면 제시 및 유아의 인지 갈등		- 무거운 것과 가벼운 것 중 어떤 것이 뜰까요? (나무토막과 동전) - 큰 것과 작은 것 중 어떤 것이 뜰까요? - 똑같은 크기의 고무찰흙을 하나는 공 모양, 하나는 넓게 펴서 그릇모양을 만든다) 물에 뜰까요, 가라 앉을까요? - 물에 뜨고 가라앉는 것은 무게와 관계가 있을까요? 없을까요? - 물에 뜨는 것은 무엇과 관계가 있을까요?	- (자신의 생각대로 응답함)	
	교사/또래에 의한 비계 설정		-공모양을 가라앉고 그릇모양은 뜨는 이유를 말해 볼까요?(힘) -물체가 물에 뜬다면 물이 힘이 셀까요, 물체가 힘이 셀까요? - 물에 어떤 물체가 들어오면 그것을 밀어내려는 성질이 있어요. 그 힘을 '부력'이라고 해요. - 찰흙을 보여주면서 작은 찰흙은 부력이 작게 작용기 때문에 가라앉고 큰 찰흙은 부력이 많이 작용하기 때문에 뜬다.	-(유아의 자유토론을 유도함)	
	인지구조의 재구조화 및 내면화		- 물체에 가해지는 물의 힘을 더 세게(더 많이 하려면 물체를 어떻게 만들면 될까요? - 지금까지 학습한 내용을 정리한다.	-(응답)	
정리	개념변화의 확인 및 평가		- 무겁고 큰 배가 어떻게 물에 뜰 수 있을까요?	-(응답)	

참고문헌

강인애(1995). 구성주의 학습원리와 적용 : 조교 교육 프로그램의 개발. 교육공학 연구, 11(1). 25-45.

강인애(1997). 인지적 구성주의와 사회적 구성주의에 대한 간략한 고찰. 교육공학연구, 11(2): 3.20.

강현석 외(2007). 내러티브 교육과정의 이론과 실제 - 이야기를 통한 학습 통합 -. 서울: 학이당.

고미라(2000). 개인 연수에 대한 유치원 교사의 인식 및 실태 분석. 전남대학교 교육대학원 석사학위논문.

곽향림(2002). 구성주의 관점에서 본 유아의 개념변화를 위한 과학교수방법. 유아교육학논집, 6(1). 87-109.

곽향림(2004). 구성주의 교실에서 물과 모래의 물리적 현상을 이용한 과학하기 -과학의 과정과 개념변화를 중심으로-. 유아교육학논집, 8(3). 269-295.

권성기 · 임청환 역(2000). 구성주의적 과학학습심리학. 서울: 시그마프레스.

권재술(1989). 과학 개념의 한 인지적 모형, 물리교육, 7(1). 1-9.

권재술(1992). 과학 개념학습을 위한 수업 절차와 전략. 한국과학교육학회지, 12(2).

권재술(1999). 오개념과 유사한 용어들. http://jskwon.knue.ac.kr.

권재술 · 김범기(1993). 과학 오개념 편람 -역학편-, 한국교원대학교 물리교육연구실.

권재술 · 이경호 · 김연수(2003). 인지갈등과 개념변화의 필요조건과 충분조건. 한국과학교육학회지, 23(5). 574-591.

권혁순(1991). 과학 수업에 의한 학생들의 개념 변화 연구: 중학교 2학년의 연소 개념을 대상으로, 서울대학교 대학원 석사학위논문.

김남일 · 강태완 · 유은경 · 배진호(2002). 초등학생들의 몸의 운동과 조절에 대한 이해와 오개념에 관한 연구. 한국생물교육학회지, 30(3). 237-245.

김남일 · 이소영 · 배진호(2001). 초등학생의 '식물의 영양'에 대한 오개념 유형과 개념평성에서 순환 학습의 효과. 과학교육연구, 25. 29-43.

김미숙(2004). 구성주의와 생득주의의 교육적 함의와 유아 생물개념 교육의 방향. 유아교육연구, 24(2). 45-68.

김선영(2001). 유아교육의 구성주의적 접근: 구성주의 교수에 대한 성찰. 아동학회지, 22(4), 271-283.

김신곤(2007). 유아의 과학적 오개념 현상 분석 연구. 한국영유아보육학, 48. 59-83.

김신곤(2008). 구성주의에 근거한 유아의 과학적 개념변화 교수모형 개발. 한국영유아보육학, 52. 1-19.

김신곤(2009). 구성주의 교수방법이 유아의 과학적 개념변화에 미치는 효과. 한국영유아보육학, 57. 53-73.

김신곤 · 박충일(2006). 유아의 과학적 오개념의 형성원인과 개념변화를 위한 구성주의적 교수모형 탐색. 진주산업대학교 논문집, 45. 79-92.

김억환 · 박은혜 역(2005). 정신의 도구 -비고츠키 유아 교육. 이화여자대학교출판부.

김은희 · 김선영(2007). 구성주의 접근의 그림자 활동이 유아의 그림자개념 발달과 과학적 태도에 미치는 효과. 아동학회지, 28(2), 19-37.

김정주 · 김영실(2004). 유아과학교육 실태 및 이에 관한 교사의 요구. 유아교육학논집, 8(2), 157-181.

김지영(2005). 구성주의 교사교육을 통한 예비유아교사의 과학신념의 변화 -과학교수 효능감, 과학교육 목표, 과학교수 방법을 중심으로-. 유아교육연구, 25(4). 133-151.

김지현(1998). 피아제와 비고스키 이론의 쟁점에 관한 교육학적 해석. 교육원리연구, 3(1), 197-238.

김현영(2001). 초등학교 5학년 학생들의 기압에 대한 선개념과 개념변화에 대한 연구. 서울교육대학교 석사학위논문.

김희연(2001). 구성주의와 유아교육 : Piaget의 구성주의의 분석을 통한 구성주의 유아교육론의 개념적 확장. 유아교육연구, 21(4), 157-188.

김희정 · 김세루 · 윤수인(2011). 구성주의에 기초한 물리과학 활동이 유아의 과학적 탐구 능력과 태도 및 인지적 자아에 미치는 효과. 한국보육지원학회, 7(3). 165-187.

라정숙(2000). 유아과학교육에서의 구성주의에 기초한 개념변화 교수법. 영유아교육연구, 3. 119-133.

라정숙(2003). 개념변화 교수법에 기초한 과학교사교육이 유아교사의 과학 교수능력 증진에 미치는 효과. 유아교육연구, 23(1), 79-103.

문연심 · 이화영(2011). 영유아 수과학 교육. 서울: 양서원.

문종철 · 이기종(1990). 오개념 분석을 통한 효율적인 물리과 학습지도방안. 과학교육논총, 15, 49-76.

물리학습연구실(2000). 학생의 물리개념, 서울대학교 물리학습연구자료.

박종원(1992). 인지적 갈등의 이론적 모형. 전남대학교 과학교육연구지, 16(1), 17-35.

박지연·이경호(2004). 과학개념변화 연구에서 학생의 개념에 대한 이해: 오개념(misconception)에서 정신모형(mental model)까지. 한국과학교육학회지, 24(3), 621-637.

박혜원(2008). 구성주의 과학프로그램이 유아의 창의성 및 문제해결력에 미치는 영향. 영재교육연구, 18(3), 401-424.

배영주(2005). 자기주도학습과 구성주의. 서울: 백의.

송진웅(2003). 구성주의적 과학교육과 학생의 물리 오개념 지도. 한국수학교육학회지 시리즈 A <수학교육>, 42(2), 87-109.

신은수 · 안경숙 · 유윤영(1999). 통합적 접근에 의한 영유아과학교육. 서울: 다음 세대.

안부금(2002). 구성주의 이론에 기초한 유아과학교육 교사 연수 프로그램의 개발과 효과에 관한 연구. 덕성여자대학교 대학원 박사학위논문.

안수영(1989). 전류현상 관찰 전후에 있어서 학생들의 오인유형 및 그 변화. 한국교원대학교 대학원 석사학위논문.

양계숙(2006). 유아교사의 과학교수 효능감에 대한 연구. 경남대학교 교육대학원 석사학위논문.

오세일(1994). 아동의 빛 개념 변화에 비치는 오개념 교정 수업의 효과. 한국초등과학교육학회지, 13(1). 51-79.

오원근(2003). 학생의 개념과 구성주의적 과학교육. 과학교육논총, 19(1). 1-18.

유경숙(2005). 구성주의와 유아교과교육 지도원리 -유아과학교육을 중심으로-. 유아교육, 14(2). 301-315.

유경숙(2000). 구성주의에 기초한 밀가루 점토활동 구성방식에 따른 유아의 과학적 개념, 과정기술 및 태도의 차이 분석. 유아교육학논집, 4(1), 175-197.

유영한 · 손영목 · 이희선 · 유미애 · 김미희 · 이창석(2002). 7차 초등학교 교과서의 생명영역에 나타난 생태분류학적 · 논리적 오류, 오개념과 이의 정정 및 그 개선안. 한국생물교육학회지, 30(4). 374-392.

유윤영(2007). 구성주의 관점에 따른 '나의 몸' 활동에 의한 4, 5세 유아의 생물학적 개념의 변화. 열린유아교육연구, 12(2), 27-47.

이기현 · 황윤세(1999). 구성주의적 접근을 통한 유아 교수-학습과정의 방향 탐색. 인문예술논총, 19. 279-313.

이성호(1998). 공기의 성질에 관한 초등학생들의 개념유형 및 변화. 대구교육대학교 석사학위논문.

이용주 · 이정훈(1996). 초등학생들의 생물에 대한 오개념 연구. 과학교육연구 논문집, 18. 31-71.

이정혜(2003). 전기회로 꾸미기 학습에서 초등학생이 가진 전기에 대한 불안감을 해소하기 위한 학습자료의 개발. (과학교육)교과연구회 연구보고서.

장혜순 · 정은정 · 윤신숙(2005). 물리적 지식활동을 통한 유아과학교육. 서울: 양서원.

조부경 · 고영미 · 김효남 · 백성혜 · 박재원 · 박진옥 · 임명혁(2002). 증발과 증발조건에 관한 활동에서 유 · 초 · 중학교 학생들의 개념 유형 및 학년별 경향성에 관한 연구. 한국과학교육학회지, 22(2). 286-298.

조부경 · 고영미 · 남옥자(2007). 예비교사와 현직교사를 위한 유아과학교육. 서울: 양서원.

조희영 · 박승재(1995). 과학 학습지도: 계획과 방법. 서울: 교육과학사.

조희영 · 최경희(2002). 구성주의와 과학교육. 한국과학교육학회지, 22(4), 820-836.

조희형(1984). 선입관의 철학적 배경 및 오인과 과학 학습의 관계. 한국과학교육학회지, 4(1). 34-43.

채희준 · 이종희(2004). Piaget의 구성주의 이론을 기초로 한 유아의 공기개념 발달에 관한 연구. 아동학회지, 25(4). 93-114.

최정렬(2003). 초등학생들의 별에 대한 질적 연구. 채동현 외. 과학교육의 질적 접근. 서울: (주)북힐스. 161-181.

추병완 · 최근순 역(1999). 구성주의 교수 · 학습론. 서울: 백의.

한은숙(2002). 사회적 구성주의에 기초한 유아 교수 학습 모델 탐색연구. 영유아교육연구, 5. 49-63.

허인숙(2001). 개념도(concept map)를 통한 오개념에 관한 연구 -사회과 '분배' 개념을 중심으로-. 교육심리연구, 15(3). 375-397.

황윤한(2003). 교수-학습의 패러다임적 전환. 서울: 교육과학사.

황의명 · 조형숙(2006). 탐구능력증진을 위한 유아과학교육. 서울: 정민사.

Ali Eryilmaz.(2002). *Effect of Conceptual Assignments and Conceptual Change Discussions on Students' Misconceptions and Achievement Regarding force and Motion*. Wiley Periodicals, Inc.

Allan Feldman.(2000). *Decision Making in the Practical Domain: A Model of Practical Conceptual Change*. John & Sons, Inc.

Appleton, K.(1989). A learning model for science education. *Research in Science Education, 19*. 13-24.

Armistead, M. E.(1996). *Constructivism and Arts Based Programs*. (ERIC Document Reproduction Service No. ED 404 007).

Ausubel, D.P.(1968). *Educational Psychology: A cognitive view*. New York: Holt, Rinehart & Winston.

Bodner, G.N.(1987). Constructivism: A Theory of Knowledge. *Journal of Chemical Education, 4(37)*, 231-240.

Branscombe, N.A., Castle, K., Dorsey, A.G., Surbeck, E. & Taylor, J.(2002). *Early Childhood Curriculum; A Constructivist Perspective*. 강현석 외 공역 (2005). 구성주의 유아교육과정. 서울: 시그마프레스.

Brooks, J. D. & Brooks, M. G.(1993). *In Search of Understanding: The Case for Constructivist Classrooms*. Alexandria, VA: Association for Supervision and Curriculum Development.

Bruner, J.S.(1973). *Beyond the Information Given: Studies in the Psychology of Knowing*. New York: W.W. Norton & Company.

Burns, M.(1992). About teaching mathematics: A K-8 resource. *Sausalito*, CA: Math Solutions.

Chaillé, C. & Britain, L.(1997). *The Young Child as Scientist: A Constructivist Approach to Early Childhood Science Education*. New York: Longman.

Chaillé, C. & Britain, L.(2003). *The Young Child as Scientist*. Boston: Pearson Education, Inc.

Cosgrove, M. & Osbone, R.(1985). Lesson frameworks for changing children's ideas. In R. Osborne & P. Freyberg (Eds.). *Learning in Science*. Heinemann.

Cunningham, D.(1992). Assessing constructions and constructing assessments: a dialogue. In Duffy, T.M. & Jonassen, D.H.(eds.). *Constructivism and the Technology of Instruction*. New Jersey: Lowrence Erlbaum Associates. 35-44.

DeVries, R. & Kohlberg, L.(1987) *Constructivist Early Education: Overview and Comparison with other Programs*. Washington, DC: National Association for the Education of Young Children.

DeVries, R., Zan. B., Hildebrandt, C., Edmiaston, R. & Sales, C.(2002). *Development Constructivist Early Childhood Curriculum*. New York: Teachers College Press.

Driver, R.(1985). Changing perspectives on science lessons. In N. Bennett & C. Desforges(Eds.). *Recent Advances in Classroom Research*. Edinburgh: Scottish Academic press.

Driver, R., Asoko, H., Leach, J., Mortimer, E. & Scott, P.(1994). Constructing scientific knowledge in the classroom. *Educational Review*, 67. 443-456.

Driver, R., Guesene, E. & Tiberghien, A.(1985). Some features of children's ideas and their implications for teaching. *Children's Idea in Science*. Open University Press Milton Keynes, Philadelphia, 193-201.

Egan, K.(1997). *The Educated Mind: How Cognitive Tools Shape Our Understanding. Chicago*: The Univ. of Chicago Press.

Forman, G. & Hill, F.(1980). *Constructive Play: Applying Piaget in the Preschool*. Monterey, CA: Brooks/Cole.

Forman, G. E. & Kuschner, D. S.(1991). *The Child's Construction of Knowledge: Piaget for Teaching Child*. Washington D.C.: NAEYC..

Gagnon, G. W. Jr. and Collay, M.(2006). *Constructivist Learning Design*. California: Corwin Press.

Gilbert, J.K, Osborne, R.J, & Fensham, P.J.(1982). Children's Science and Its Consequences for Teaching, *Science Education*, 66(4). 623-633.

Gunstine, R. F., Gray, C. M. R. & Searle, P.(1992). Some long-term effects of uninformed conceptual change. *Science Education*, 76(2). 175-197.

Gyoung, L. et. al.(2003). Development of an Instrument for Measuring Cognitive Conflict in Secondary-Level Science Classes. *Journal of Research in Science Teaching*, 40(6). 585-603.

Hashweh, M.(1988). Descriptive studies of student's conceptions in science. *Journal of Research in Science Teaching*, 24. 291-307.

Hewson, P. W.(1996). Teaching for conceptual change, in Treagust, D. F., Duit, R. & Fraser, B. J.(Eds). *Improving Teaching and Learning and in Science and Mathematics*. New York : Teachers College Press.

Howe, A. C.(1993). Science in early childhood education. In B. Spodek(Ed), *Handbook of Research on the Education of Young Children*(pp. 225-235). NY: Macmillan Publishing Company.

Hsiao-Ching, S.(2004). Fostering Radical conceptual Change through Dual-Situated Leaning Model. *Journal of Research in Science Teaching*, 41(2). 142-164.

Kamii, C. & DeVries, R.(1978). *Physical Knowledge in Preschool Education: Implications of Piaget's Theory*. New York: Teachers College Press.

Kamii, C. & DeVries, R.(1990). 물리적 지식활동: 피아제 이론이 암시하는 과학교육(이경우, 문미옥 공역). 서울: 창지사.

Kamii, C.(1989). *Young Children Continue to Reinvent Arithmetic*. New York: Teachers College Press.

Kamii, C., Manning, M. & Manning, G.(1991), *Early Literacy: A Constructivist Foundation for Whole Language*. Washington D.C.: National Education Association of the United States.

Ledbetter, C. E.(1993). Qualitative comparison of student's constructions of science. *Science Education*, 77(6). 611-624.

Macbeth, D.(2000). On an actual apparatus for conceptual change. *Science Education*, 84. 228-264.

Martin, D.J.(1997). *Constructing Early Childhood Science*. New York: Delmar Publishers Inc.

Michael E. B. & Peter W. H.(1999). *Learning Goals in an Exemplary Science Teacher's Practice; Cognitive and Social Factors in Teaching for Conceptual Change*. John & Sons, Inc.

Needham, R. & Hill, P.(1987). *Teaching Strategies for Developing Understanding in Science*. University of Leeds.

Pfunt, H. & Duit, R.(1988). *Bibliography: Student's Alternative Frameworks and Science Education*(2nd Ed.), IPN.

Piaget, J.(1980). *Adaptation and Intelligence*. Chicago: University of Chicago press.

Pines, L.A. & West, L.H.T.(1986). Conceptual understanding and science learning: an interpretation of research within a source of knowledge framework. *Science Education*, 70. 583-604.

Posner, G., Strike, K, Hewson, P. & Gertzog, W.(1982). Accommodation of a scientific conception: Toward a theory of conceptual change. *Science Education, 66(2)*. 211-227.

Rogoff, B.(1990). *Apprenticeship in Thinking: Cognitive Development in Social Context*. New York: Oxford Univ. Press.

Schattgen, S. F.(1997). Form Piagetian theory to educational practice: Developing and supportive constructivist early childhood teachers through project. *Journal of Early Childhood Teacher Education, 18(2)*. 34-42.

Staver, J.R. (1998). Constructivism: Sound Theory for Explicating the Practice of Science and Science Teaching. *Journal of Research in Science Teaching*. 35. 5. 501-520.

Stofflett, R.T. (1994). The Accommodation of Science Pedagogical Knowledge: The Application of Conceptual Change Constructs to Teacher Education. *Journal Of Research In Science Teaching*. 31. 8. 787-810.

Thorley, N. R. & Stofflett, R. T.(1996). Representation of the conceptual change model in science teacher education. *Science Education, 80(3)*. 317-339.

Torney-Purta, J. V.(1992) Cognitive representations of the political system in adolescents: the continuum from pre-novices to expert. In Haste, J. & Torney-Purta, J. V.(eds.), *The development of political understanding : A new perspective*. San Francisco: Jossey-Bass.

Villani, A.(1992). Conceptual change in science and science education. *Science Education, 76(2)*. 223-237.

von Glasersfelt, E.(1995). Sensory experience, abstraction, and teaching. In L. P. Steffe(Ed.), *Constructivism in education*. 3-15. Hillsdale, NJ: Erlbaum.

Vygotsky, L. S.(1985). *Thought and Language*. 사고와 언어(신현정 역). 서울: 성원사.

Wardsworth, B. J.(1996). *Piaget's theory of cognitive and affective development: Foundations of constructivism*. Longman Publishers.

White, R. & Gunstone, R.(1989). Metalearning and conceptual change. *International Journal of Science Education, 11*. 577-589.

Wittrock, M.C.(1994). Generative science teaching. In P.F. Fensham, R.F. Gunstone & R.T. White Eds.(1994). *The Content of Science: A Constructivist Approach to its Teaching and Learning*. 29-38. London UK: Falmer Press.

Zillich, K.(1994). Exploring art and construction in early childhood education. *The Constructivist Educator, 3(1)*. 1-3.

찾아보기

ㄱ

갈등상황 85

개념변화 27, 40, 41, 50, 52, 74, 81

개념변화 과정 81

개념변화 교수모형 82

개념변화 교수법 56

개념 생태계 53

개념형성 21

객관적인 지식 74

과학개념 20, 77

과학 개념변화 100

과학개념의 수준 21

과학교육 12, 40

과학교육의 목적 15

과학 오개념 23, 79, 102

과학적 개념 15, 22

과학적 사고 100

과학적 소양 12, 15

과학적 자아 13

과학적 접근방식 70

과학적 지식 100

과학적 탐구과정 72

과학적 탐구 능력 14

과학적 태도 16, 56

구성적 놀이 57

구성주의 56

구성주의 인식론 68

구성주의적 교수방법 68

근접발달지대 65

기존 개념 부재 상황 86

ㄴ

논리적 사고 69

ㄷ

대안적 개념 구조 78

대안적 체계 78

ㅁ

마찰력 41

메타 인지적 능력 71

물리적 지식활동 56, 57, 64

ㅂ

반성적 사고 69

비계 66

비과학적 개념 22

비평형 상태 94

ㅅ

사회적 구성주의 62, 64, 74, 104
사회적 상호작용 60, 62, 75
사회적 차원 75
상대주의 59
상호작용 이론 62
새 개념 부재 상황 86
생활중심 과학교육 79
선개념 22, 51, 77
선수지식 71
선입관 91
순환학습 92
쉐마 63
심리적 차원 75

ㅇ

오개념 22, 77, 107
유아 개념 78
유아 과학 78
유아과학교육 13
인지갈등의 과정 102
인지적 갈등 89, 94, 95, 96, 107, 111
인지적 구성주의 62, 63, 74, 103
인지적 모순 80
인지적 비평형 108
인지적 상호작용 66
인지적 상호작용이론 62
인체 탐구영역 30

ㅈ

자발적 지식 85
자율조절기능이론 92
자율조정 기능 93
정개념 22, 27
조화 상황 86
주관적 지식 74
지식의 구성 과정 61
지적 자율성 70
직관적 사고 84

ㅌ

탈중심화 75
탐구의 원리 96
탐구적 행위 96
탐구정신 70

ㅍ

표상주의 58

ㅎ

협동적 대화 113
협동학습 72, 113
형식적 지식 85

저자소개

김신곤

[학력 및 경력]
동아대학교 대학원 교육학과(교육학박사)
경남과학기술대학교 아동교육연구소 연구교수

현) 경남정보대학교 유아교육과 교수
인지발달중재학회 이사

[논문 및 저서]
교육학개론(양서원, 2007)
교육방법 및 교육공학(학지사, 2009)
보육학개론(양서원, 2012)
구성주의 교수방법이 유아의 과학적 개념변화에 미치는 효과(영유아보육학, 2009)

구성주의적 유아과학교육

2013년 9월 25일 1판 1쇄 인쇄
2013년 9월 30일 1판 1쇄 발행

지은이 | 김신곤
펴낸이 | 조재성
펴낸곳 | 서현사
(410-817) 경기도 고양시 일산동구 중앙로 1055 레이크하임 206호
(경기도 고양시 일산동구 백석2동 1332-1 레이크하임 206호)
전화 031-919-6643 팩스 031-912-6643
등록 | 2002년 8월 14일 제03-01392
ISBN 978-89-94044-58-3 93370
정가 12,000원